模块化视角下的服务型工业化研究

Research on Service-oriented Industrialization in the Perspective of Modularity

王雅俊 著

中国财政经济出版社

图书在版编目（CIP）数据

模块化视角下的服务型工业化研究/王雅俊著．—北京：中国财政经济出版社，2015.12
ISBN 978-7-5095-6431-8

Ⅰ．①模…　Ⅱ．①王…　Ⅲ．①工业化-研究-中国　Ⅳ．①F424

中国版本图书馆 CIP 数据核字（2015）第 245977 号

责任编辑：卢关平　　　　责任校对：张　凡
封面设计：孙俪铭　　　　版式设计：兰　波

中国财政经济出版社 出版
URL：http：//www.cfeph.cn
E-mail：cfeph @ cfeph.cn

社址：北京市海淀区阜成路甲 28 号　邮政编码：100142
营销中心电话：88190406　北京财经书店电话：64033436　84041336
北京京华虎彩印刷有限公司印刷　各地新华书店经销
880×1230 毫米　32 开　7.625 印张　188 000 字
2015 年 12 月第 1 版　2015 年 12 月北京第 1 次印刷
定价：20.00 元
ISBN 978-7-5095-6431-8/F·5181
（图书出现印装问题，本社负责调换）
本社质量投诉电话：010-88190744
打击盗版举报热线：010-88190492，QQ：634579818

摘要

20 世纪 70 年代后，以信息技术为代表的新技术革命催生出了新产业革命，也使人类生产方式发生了巨大改变。信息与知识成为了现代工业生产的关键性生产要素，发达国家制造业的生产模式由传统一体化的产业链形态逐步转变成为以模块为基础的产业链分工。制造业内部的服务功能也逐渐强大，独立并形成了新兴的生产者服务业，并成为现代经济的主要增长点。发达国家的先进制造业基本取代了传统制造业，工业化模式发生了质的变化。面对这个巨大的变革，亟待从新的视角来研究现代工业化的典型特征及其运行机制。

本书根据马克思工业化理论与现代经济学的相关理论，应用历史与逻辑分析相结合、规范分析与实证分析相结合、定性分析与定量分析相结合等研究方法，从模块化分工视角来考察当代世界工业化特征与趋势，围绕有关工业化的三大主体——企业、产业及产业链的生产方式及运行方式的变革来进行分析与研究，提出了服务型工业化的新的理论范畴。

本书研究的结论主要如下：

1. 在信息技术革命和知识经济的时代，发达国家主导着世界工业化的发展方向，并进入了服务型工业化的全新时期。

2. 服务型工业化以知识创新与模块化分工为基础，以模块化产业价值链为组织形式，突出了按客户需求进行定制的服务型生产方式，进而在产业层面上先进制造业成为了现代工业化及经济发展中的主导力量。

3. 制造业服务化是服务型工业化的突出特征，先进制造业与现代服务业相互融合已经成为不可逆转的历史发展潮流。

关键词： 模块化　工业化　服务型工业化　生产方式　运行机制

Abstract

The 1970s, the represent of information technology revolution gave birth to the new industrial revolution and made the human production the great change. The information and knowledge became the key factors of modern industrial production. Developed countries manufacturing and mode of production changed form the traditional integration to a module based the division of industrial chain . The functions of services are powerful, that form the new services and become the modern economic growths. Many developed countries advanced industry has replaced the traditional manufacturing, the industrial model has changed that needs the new perspective to study the characteristics of a modern industrial development and operation mechanism.

According to the marx's industrialization theory and modern economy theory, the book from the division of modularity to research and analysis the modern world industrialization development trend and use history and logic of integrating methods empirical analyses and quantitative analysis. Rounding to the main part of industrialization——enterprises, industries and industrial chain, the book put forward the new theory category of Service-oriented industrialization.

The basic idea is this: First, through sorting out the theoretical basis of the relevant literature to explore a breakthrough in theoretical research, and generalize development trend of the modern of industrialization in the theoretical level. Secondly, the analysis of the current changes and features in the process of industrialization to propose service-oriented industrialization proposition according to the new era of historic changes of production modes. Again, by the use of empirical model validation and mathematical methods to demonstrate the service-oriented industrialization proposition, the microscopic foundation , operation mechanism and the implementation mechanism of service-oriented industrialization, Finally, by summarizing the theory of modern industrialization to recommendate the new mode of operation in today's global industrialization with the new scientific evidence .

The conclusion of the book are following: first, In the information technology revolution and era of knowledge economy, developed countries led the development direction of the industrialized world, and entered into new period of the service-oriented industrialization. Second, service-oriented industrialization has the basis of knowledge innovation , division of modularity and organization forms of modular industry value chain, highlighting the demand for customized according to customer service-oriented production, and thus advanced manufacturing become the leading force in the modern industrialization and economic development. Third, serviced manufacturing sector is a prominent feature of service-oriented industrialization, advanced manufacturing and modern service has become irreversible historical development trend.

Keywords: modularity industrialization service-oriented industrialization mode of production operating mechanis

目录

图目录

表目录

1 绪 论

1.1 选题背景与研究意义

1.1.1 选题的背景与问题的提出

20世纪70年代之前，发达国家基本上实现了传统意义上的工业化，而发展中国家则还处于从落后农业国向工业国转变的过程中。20世纪70年代之后，随着信息技术为标志的新技术革命的发展，人类社会生产方式发生了深刻的历史性转折。在信息技术革命推动的产业革命中，知识、信息两个要素取代了土地、资本等要素的地位，成为了社会生产过程中最关键的生产要素，从而在根本上改变了人类的生产基础和生产模式。许多人早就看到了这种意义非同寻常的伟大变革，因而西方学术界先后提出了“后工业化社会”、“信息时代”、“知识经济”等新范畴，而中国近年也提出了“新型工业化”等。所有这些有关时代划分的新命题，都是对目前正在发生着的人类历史重大变革在一定程度上的理论概括。

从工业化历史进程来看，信息技术革命无疑开辟了一个现代工业化的新阶段。信息技术渗透到社会经济的各个领域和层面中，突破了区域、国界、时空的限制，并在全球布局产业分工，使全球化生产与市场网络联盟的建立成为可能。工业的生产功能及性质正在发生转变，具体表现在以下三个方面：首先，在发达国家内部涌现出诸如 CAD、MRP、CJMS、ERI、VM 网络制造、柔性生产等先进生产模式，先进制造业成为发达国家制造业发展的新潮流。其次，传统的社会化大生产方式，即以流水线、大批量为代表的典型的福特制生产组织方式已经在信息革命的冲击下逐渐消失，转而替代的是模块化、小批量的规模定制的生产组织方式。这改变了传统的垂直一体化的价值链分工模式，进而形成模块化、网络状的产业链模式。最后，制造业内部的分工逐渐细化，生产者服务作为为生产、制造提供服务的中间部门逐步独立出来并获得了迅速发展，成为推动经济、工业发展的有力助推器，同时也促进了制造与服务两者实现更紧密的融合。

工业化生产模式发生的转型，是现代技术和经济不断变革以及全球化发展的结果，由此引发了笔者对工业化问题的深层次思考。传统工业化与现代工业化的分界点在哪里？现代工业化生产分工的主要特征是什么？如何依据这些变革因素对现代工业化的型式合理地进行判断？现代工业化的内涵将涉及哪些领域？服务型工业化能否成为一个新的工业化范畴？这些问题都属于重大的现实经济问题，也是一片有待开垦的理论“处女地”。要解答这些问题，需要从基本理论层面对新技术时代的工业化特征进行客观性的梳理、总结与概括，挖掘现代工业化发展过程中相关事物的本质性联系，从而科学地解释现代工业化新范畴中最本质的内在规定性。基于上述思考笔者深知，选择这样一个课题来进行研究，的确面临着巨大的挑战；但有挑战性同时也意味着开创性，使笔者有可能在前人成果的基础上做出创新性研究。

1.1.2 研究的目的及意义

新技术革命推动了新产业革命，而新产业革命又催生出新的工业化生产方式。当代世界正在深化的产业革命与生产方式的变革，客观上需要用新的视角来解读现代工业化的时代特征。本选题的研究目的在于通过对当今发达国家工业化模式的正确把握，试图建立一种新的工业化理论的范畴。因而，本选题是基于工业化发展的现状和未来的模式选择而提出来的，无论对于更深刻地认识当代生产方式变革及指导推进现代工业化的进程，还是拓宽并完善马克思工业化的理论研究，都具有一定的理论价值与现实意义。

本书的理论价值主要有以下两点：第一，通过对现代工业化模式的研究在一定程度上丰富和发展了工业化理论。工业化是一个国家和地区经济与社会发展过程中不可逾越的历史阶段。经济学家对工业化的研究主要是集中在传统工业化上，从结构、分工及专业组织等视角来研究工业化，更多的是强调工业化的发动与实现条件，而没有研究在新时代背景下工业化的发展与模式问题，因而本书的研究将进一步地诠释传统工业化理论。第二，本书研究为推动落后国家的经济发展和在新的历史条件下加速推进工业化，从而缩小与世界发达国家的经济差距和实现现代工业化赶超，提供理论上的依据和新的参照系。模式本身就是一个不断自我创新的过程，而发达国家的模式也是众多发展中国家的未来工业化道路的写照。本书从现代工业化的模式入手，从发达国家的发展态势中抽象和概括出一般意义的工业化模式，因而可为发展中国家的现代工业化模式选择提供理论层面上的借鉴与启示。

本书的现实意义主要有以下三点：第一，面对国际环境的变化多端，选择合适的现代工业化发展模式，对促进中国经济全面走向服务时代具有重要的现实意义。从现代工业化生产模式发生的变革可以看出，在当今工业化发展过程中，随着经济全球化发展步伐的加快，发达国家在现代工业化中始终具有主导话语权的地位，发展中国家与其的差距也越变越大。如何选择合理的工业化发展模式，是中国经济发展到一定阶段面临的重要抉择。第二，本书对发达国家在现代工业化发展过程中制造业与服务业的产业融合现象进行研究，揭示当代世界经济发展潮流，在一定程度上对中国工业化发展战略方向的选择，可具有一定的借鉴和指导意义。信息技术的发展将促进产业体系发生改变，工业化也由传统的产业分离走向产业融合，实现了规模报酬递增的效应。发展中国家如何引导产业的发展方向，从而加速本国工业化发展的步伐，这些现实问题可以从本书的研究中得到启示。第三，本书研究可为中国政府制定合理的现代工业化发展政策提供客观依据。本书通过分析发达国家现代工业化的阶段性特征，如在美国与日本两个发达国家的案例中集中考察了1970年至今的工业化发展特征，阐释其现代工业化的演变历程，进而阐述其工业化的服务型模式，这可以为政府进行相关决策提供合理依据。

1.2 分析思路与主要内容

1.2.1 分析思路与篇章结构

在几个世纪工业化中，模块方法只是作为较为复杂的工业产品的技术和管理方式。但在20世纪70年代后，由于信息技术的发展，模块化已经摆脱了在产品、技术领域的局限，逐渐渗透到经济系统的各个领域，并与新经济相兼容，成为工业化内部实践的操作手段，促进了生产方式的创新。模块化不仅改变了产业发展的趋势和形态，也改变了整个人类社会的经济环境与生产环境。同时，模块化也作为处理经济现象中复杂问题的一个基本的思维原则及方法，受到学术界的青睐并获得迅速的发展。运用模块化理论有助于我们分析工业化内部的复杂关系，也能帮助我们重新认识新时代工业化的本质特征。

因此，本书从模块化独特视角出发，深入分析工业化内部出现的新特征，挖掘工业化形态发生转变的根本原因，以求对服务型工业化作出科学解释。本书的分析思路是：第一步，通过吸收前人的研究成果及对当代工业化内部环境及外部环境发生变革的历史因素进行梳理、分析，厘定有关理论概念和理清分析思路。第二步，深入系统地考察当今工业化模式发生转变的决定条件，建构工业化形态转变的概念模型，并进行逻辑论证。第三步，利用模块化思考范式系统研究服务型工业化的内在机理，建立相应的微观数理模型，并进行实证检验，以证明前文中提出的理论命题。按照此思路，本书的篇章结构如下：

第一章是绪论，主要介绍选题背景、研究目的、研究意义、主要内容、研究的方法以及本书的主要创新点。

第二章，系统性地对文献进行梳理，介绍与工业化相关领域的研究成果，围绕着工业化范畴的相关理论知识进行剖析、评述，通过探讨前人的理论来确定本书可能发挥的创新空间。这些理论包括模块化理论、传统工业化理论、产业价值链理论和制造业服务化理论及其最新的研究进展。

第三章，构建本书的理论基础，在批判与继承前人理论的基础上研究现代工业化发展的新趋势，高度提炼工业化的一般性特征，提出服务型工业化命题，并构建其理论模型。在这一章里探讨现代工业化发展过程中出现的种种现象与内部的变革因素，分析提出服务型工业化这一新范畴的客观原因，并对命题进行合理的科学阐释。在此基础上，进一步地对服务型工业化的指标体系进行厘定，依据其内在的特征提出相应的衡量指标。

第四章，借助于模块化的视角进一步分析工业化生产方式变革的深层次本质。微观企业是工业化生产方式的主体，模块化的生产方式体现的是大规模定制的模式，而信息与知识则是现代生产方式主要的物质基础。本章把当今的工业化生产方式变革的微观物质技术因素作为考察对象，重点分析模块化生产方式的特征与制约条件，并对模块化生产方式是否能带来比传统的生产方式更多的规模报酬进行数理与经验验证。

第五章，借助模块化的视角进一步探讨服务型工业化系统内部运行的中观主体——产业链形态的演变，探讨服务型工业化内部系统的演化趋势。随着时代环境的转变，工业化生产方式的变革，必将使产业链的形态也发生变化。在模块化的视角下，产业链的形态在价值层面上逐渐分解，使得产业的边界变得模糊，形成了较为混沌的价值模块组合的网络状的产业链，并构成了新型的产业。本章立足于对产业链模块化分工的过程进行剖析，包括产业链模块化分工是如何进行价值层面的分解与重组，深入解释服务型工业化的内在运行机制。

第六章，基于模块化的视角，对服务型工业化的实现机制进行分析与研究。服务型工业化在产业层面表现为制造业服务化即制造与服务的边界逐渐模糊，互为融合的过程。在产业发展领域，服务型工业化走的就是制造与服务相互补偿的道路。本章重点讨论开放系统内对制造与服务在模块层面上融合的设计，并对制造与服务的融合过程进行描绘，用两个典型的发达国家——美国、日本的实证来证明制造与服务的融合互动关系，并进一步阐释在发达国家服务型工业化的发展与实践过程。

第七章，本书的主要结论与进一步研究的展望。

1.2.2 技术路线

本书科学研究的技术路线见图 1-1。

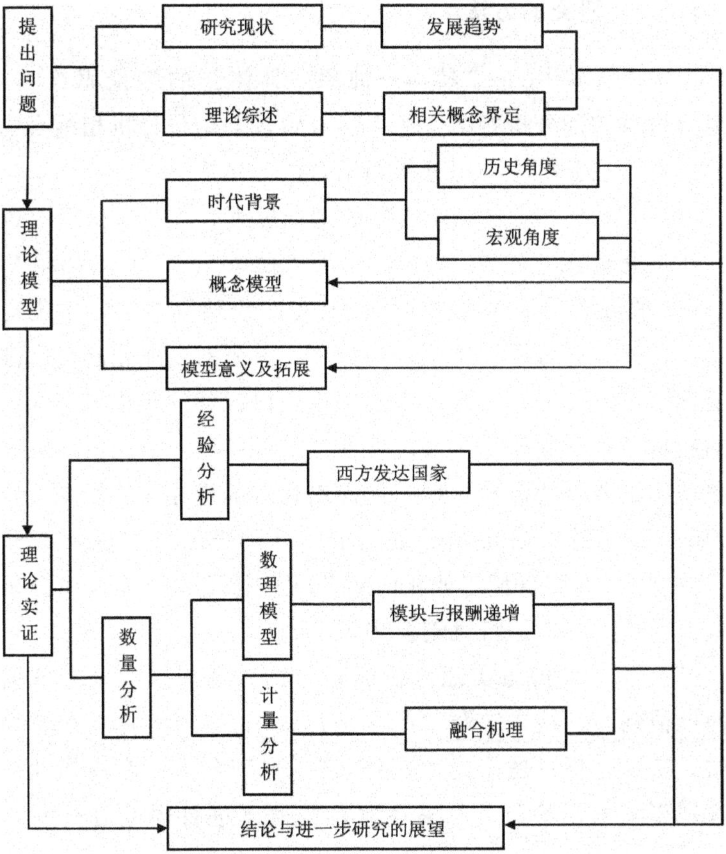

图 1-1 本书科学研究的技术路线图

1.3 研究方法与主要创新

1.3.1 研究的方法

本书主要应用了“具体—抽象—具体”的理论思维方法、规范分析与实证分析相结合的方法、定性与定量分析相结合的方法、比较静态分析与动态分析相结合的方法。

（1）“具体—抽象—具体”的理论思维方法。马克思《资本论》中就是运用这种从“具体”到“抽象”，再由“抽象”到“具体”的方法。依据这个科学的理论思维研究方法，本书对当今工业化转型进行深层次系统性分析。首先对工业化趋势及涉及工业化层面的特征事实进行考察，进而以科学抽象提炼当今工业化的新范畴——服务型，通过理性分析服务型工业化的现状，建立服务型工业化的概念模型，并提出相应的指标评价体系。在从“表象”上升到“抽象”的基础上，进一步地从“抽象”回归到“具体”，对服务型工业化的新范畴进行论证，并具体分析服务型工业化的内在运行机制及实现机制。

（2）规范分析与实证分析相结合的方法。规范分析依据一定的价值判断，用来解释“应该是什么”，以便解释清楚事物的本质。实证分析只是注重“是什么”，对现象实行客观描述，根据客观事实进行检验。本书在对相关概念进行规范分析的基础上，主要通过实证分析来认识新时代工业化发展的趋势，利用大量的客观数据资料进行实证分析，揭示工业化模式转型的本质及其运行机制。

（3）定性分析与定量分析相结合的方法。定性与定量都体现了经济活动中质与量统一过程。定性分析主要在于对事物本质的分析，判断事物的本身的特性。而定量分析注重于对事物发展的程度及状况的分析，仅仅是针对事物的表象进行精确度量。经济学分析需要定性分析与定量分析有机地结合，才能认清经济系统内部活动的本质特征。本书把工业化作为一个有机的经济系统。以定性分析方法为基础，用定性来指导定量。通过定性的分析，来提炼出新时代工业化运行的趋势特征。再利用定量分析为手段，运用数据资料来诠释新时代工业化发展状况。

（4）比较静态分析与动态分析相结合的方法。比较静态分析是指在相关的外界条件变化后，出现了新的均衡位置，并与旧的均衡点进行比较的分析方法。主要说明外界的条件变化对均衡的影响及造成的后果。而动态分析是说明经济活动在一段时间内的变化过程。本书的分析采用两者相结合的方法，是由本书的分析对象——工业化本身的特征所决定的。从工业化的字面来看，“化”表明的是过程，是动态的变化过程。如果外部的经济环境发生了变化，工业化本身的性质也将从一个均衡点向新的均衡点移动。本书把在新经济时代下的工业化模式同传统工业化模式进行比较，关注在新的外界条件下工业化模式达到的“均衡状态”。

1.3.2 可能的创新

本书是一篇对新时代工业化历史转型进行理论探讨的论文，但限于笔者较为薄弱的理论与写作功底，不敢轻言有较大的创新。笔者认为，本书的可能创新之处主要有以下三点：

（1）本书提出了服务型工业化这一新的概念及其理论模型，归纳并总结了新经济时代下工业化发展的新趋势。通过对时代因素进行正确的衡量与分析，本书提炼出服务型工业化的主题内容。并认为服务型工业化具体体现在三个层面上：在企业的生产方式上，突出了按客户需求进行定制的服务型生产方式；在产业层面上服务型工业化形成了模块分工的产业价值链，并形成模块化的生产网络与产业集群；在产业结构上以生产服务型为主要特征，显示出现代服务业在产业结构中的突出地位。

（2）本书从典型的模块化分工的新角度，对服务型工业化的生产方式进行了定性研究，进而揭示服务型工业化的内在形成机制。笔者认为信息与知识是现代生产方式最为主要的物质基础，微观企业是工业化生产方式的主体，模块化的生产方式体现的是大规模定制的生产模式。同时对制造企业内部制造与服务两大功能的模块分工能使企业规模报酬递增的问题进行数理方面的论证，这也是本书创新的思想火花。

（3）本书深入地分析了服务型工业化的运行及实现机制。笔者认为在产业发展层面，服务型工业化体现的是制造与服务的相互融合。在构造服务型工业化这个经济系统演化的过程中，对服务型工业化的制造与服务融合问题进行计量实证，利用发达国家——美国和日本的经验数据，进一步来说明这两个发达国家的制造与服务的融合程度，提出并证实发达国家的现代工业化是具有典型的服务型特征的。

2 相关理论文献综述及述评

2.1 模块化理论

模块化是传统工业社会迈向信息社会以及知识经济时代过程中必然出现的一种标准化产物。作为分析经济问题、解决经济问题的思维工具，模块化已成为现代经济学领域中用来处理较为复杂经济系统问题的重要手段。遵循科学的逻辑，模块化的突出特征是把复杂系统内部的问题简单化、细致化。同时，在现代工业化过程中，由于信息技术引发的模块分工方式，已经成为现代工业生产过程中不可或缺的高级标准化形式，并改变了工业化生产方式和进一步优化了工业内部产品结构及产业组织结构，使得整个工业化的内部运行体制更加趋于完善。

2.1.1 模块与模块化概念

青木昌彦等（2003）对模块（module）一词给出了较为准确的定义，他们认为模块是一个半自律性的子系统。具有两个典型的特征：外部与内部。外部是指模块与外部环境相互联系的接口。内部是指在模块本身的内部环境中具有的系统代码。模块本身具有六种基本的操作模式：排除、分割、扩展、替代、移植及归纳。模块内部各自独立的系统按照既定的规则进行组合，可以联系并构成更加复杂的系统。模块化从字面的涵义进行推敲，体现的是一个变换过程，是一个自我发展、自我演化的过程。即根据复杂的系统进行分解，并各自形成相对独立的组成部分，以标准化的界面把这些各自独立的部分连接、组装成一个完整的系统的过程。模块化具有正的反馈及负的反馈效应，会根据外界环境的改变相应地进行变化，自由地分解或集中。Simon（1962）等把模块化定义为在一个宽松的进化环境中能够有小的独立设计的子系统，使其构建复杂的产品或业务，从而发挥每个子系统中的整体效应，推动整个大的复杂系统实现均衡的动态演进过程。总而言之，模块是个体、是单元、是能够具备完整系统的个体，而模块化是把不同的模块之间通过既定的规则进行有机的统一起来的过程。综合归纳，模块化具有以下三个特征：

（1）模块化的演进规则能够适应环境，根据环境来改变自身构造。其本身具有一定的演进与设计规则。模块化的设计规则又分为两种：一种是可见的，另一种是隐藏的。两种规制都由结构、接口、协议等标准的操作符组成。结构是模块的组成部分及构成要素，接口是看模块之间是否兼容，能否互相交换彼此的信息。协议与标准则是用来判断其性能来确定统一的规则，是否实现所要求的全部功能。只要通过解决初步设计问题，就能利用一些功能升级来改变模块本身的演进方式。

（2）模块化作为系统自我发展的演化过程，具有正的反馈及负的反馈。模块系统内部能不断地进行自我反馈。正反馈是为了能够迅速融入到新的环境，更好地适应环境带来的变化，自由地进行分解与集中。负反馈则表现为自身的成本，比如在模块制定过程中需要物力、财力的投入，在模块的普及阶段及制定内部规则上都需要潜在的成本等。Baldwin（2003）认为模块化的成本是模块化方向的逆作用力，在进行模块实验中需要大量的成本来检测，以保持模块与整体系统的兼容。总之，正负反馈在模块化内部环境的相互作用中，能够促进整个系统的不断地演进。

（3）信息与知识在模块化系统中扮演重要的角色，两者的共享是模块化能否形成的首要前提。作为能够处理系统内部信息复杂性的手段，模块化与信息、知识之间是紧密相连的，体现了模块系统内信息与知识的分化与整合。因而在系统演化过程中实现的是模块之间的信息与知识的协调。信息是模块系统之间相互联系的手段，而知识是模块创新的主要方式。哈耶克（1991）曾把知识分为共同的知识和分布式知识两种类型。共同知识是指系统内的每个成员都知道，而且互相都认为对方知道。而分布式的知识则是以 S_iT_i 表示每个成员 i 知道命题 i，共有 n 个成员来组成一个群体，所共同拥有的命题是 D_k 的分布式知识，那么就有：

$$S_1T_1 \wedge S_2T_2 \wedge S_3T_3 \wedge \cdots \wedge S_nT_n \ = \gg D_k \quad 其中，k \neq T_i。$$

进一步地解释，就是当一组成员知道了命题 i，而不是全体成员都知道的时候，知识就呈分布式。模块化内部系统运作的实质就是知识的分布式化，利用这种分布式知识来降低各个模块之间的协调成本，如图 2－1 所示。

2.1.2 模块化结构

模块化自身的结构有多种类型。管理学上把其分为三类：业务的模块化、能力要素的模块化及组织结构的模块化[①]。按照经济学家青木昌彦的划分，从内部系统的信息的隐含性与公开性角度可以分为以下三种类型[②]：

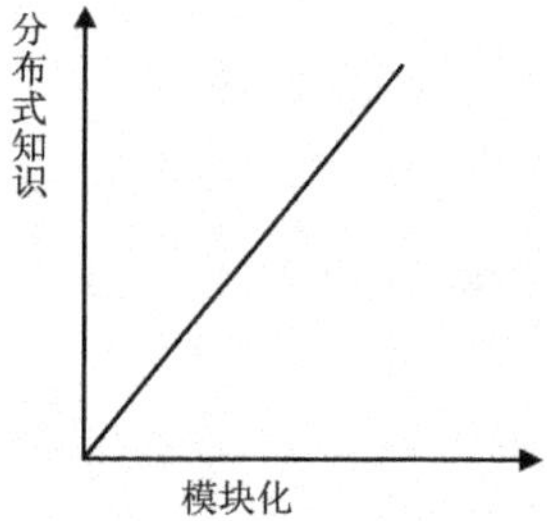

图 2－1 模块化与分布式知识的关系

资料来源：闫星宇：《模块化理论的再审视：局限及适用范围》[J]，《中国工业经济》，2007（4）。

（1）IBM 型。这种模式，需要事先处理系统信息，把模块之间的各种联系规则事先规定好。各个子模块与总的“舵手”（系统公开的信息，可接受外部市场的反馈）没有信息的沟通（这里指的是隐含信息），只是在标准化的界面下隐藏自身信息进行独自活动。“舵手”会根据系统指令的变化来更改系统的界面信息，各个子模块之间不受任何影响，如图 2－2 所示。

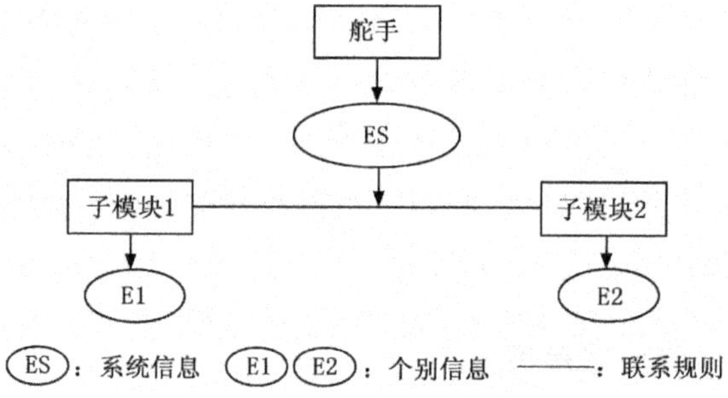

图 2－2 IBM 型模块化

资料来源：青木昌彦、安藤晴彦：《模块时代——新产业结构的本质》，上海远东出版社 2003 年版。

（2）丰田型模块化。与上述的 IBM 型一样，需要“舵手”先确定总系统的规则及各个子模块之间的统一界面规定，但是它与 IBM 型最显著的区别是，子模块与“舵手”之间的信息是互通有无的，子模块可以把自身的信息及时地反馈给总的系统，由“舵手”来确定统一界面的调整。因而信息的传播与响应在这个模式中发挥很大的作用，如图 2 -3 所示。

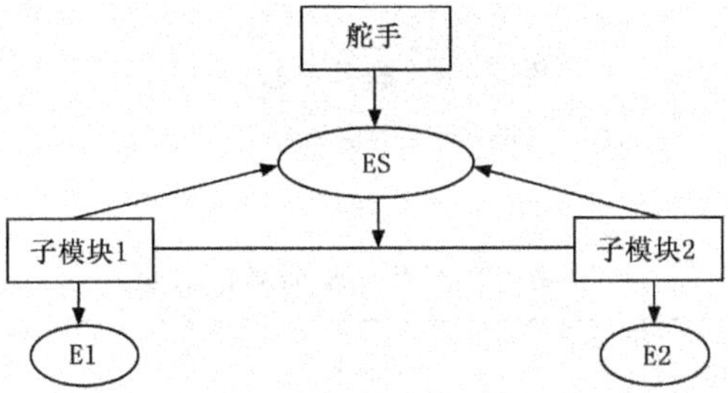

图 2 -3　丰田型模块化

资料来源：青木昌彦、安藤晴彦：《模块时代——新产业结构的本质》，上海远东出版社 2003 年版。

（3）硅谷型模块化。这是最为复杂的型式，该方式能够有效地规避信息不流动的问题。这个模式中子模块的地位显得更为主要，通过起初确定的系统的标准信息界面，在子系统中加以确认并更改，及时地反馈给“舵手”，总“舵手”的职能将由多个分“舵手”来承担，不同的舵手在大的系统环境下，不断地把子模块反映的信息进行处理、筛选，来整体规划生产的总系统及子系统的具体规则与安排（见图 2 -4）。

此外，还有学者把模块化作为产品生产的状况进行综合分类。依据生产厂商生产产品或提供的服务来选择效率最高而又符合产品或服务的模块化构件，分为六种，如表 2 -1 所示。

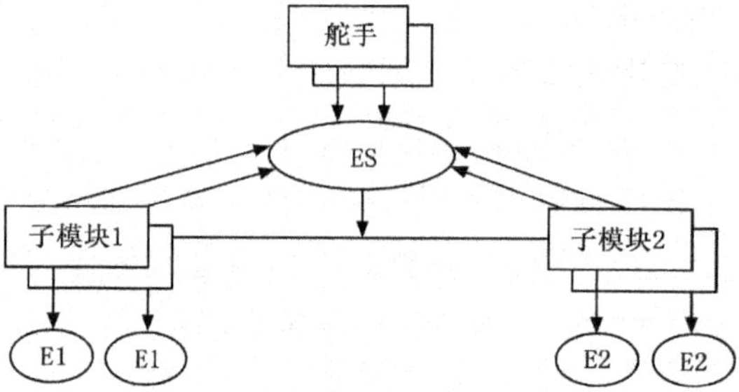

图 2－4　硅谷型模块化

资料来源：青木昌彦、安藤晴彦：《模块时代——新产业结构的本质》，上海远东出版社 2003 年版。

表 2－1　　模块化生产产品及服务的分类

模块化类型	基本特征	图示
CSM（component－sharing modularity）共享构件模块化	同一构件用于多个产品；降低成本；生产多样化的产品及服务	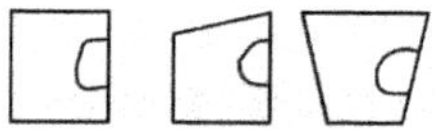
CSPM（component－swap-pirig modularitv）互换构件模块化	设置标准产品；发现较易定制的部分重新实行模块处理	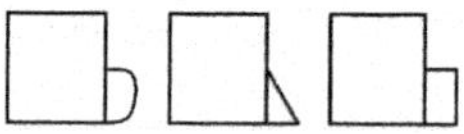
CTFM（cut－to－fit modularity）量体裁衣式模块化	针对客户对产品的个性化需求能连续而非离散地定制个性化产品	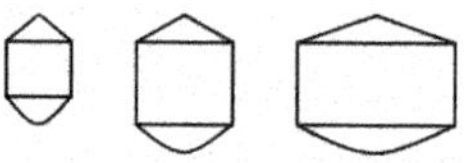
MM（mix modularity）混合模块化	完全个性化地定制，针对不同市场、地点、客户实行组合	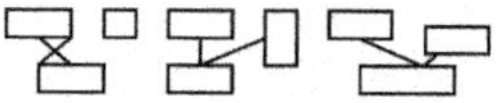
BM（BUS modularity）BM 模块化	先确定产品或服务的结构再模块化，允许模块构件发生变化	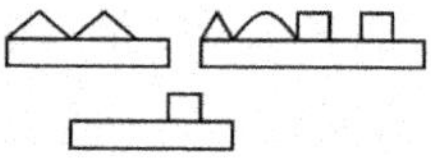

续表

模块化类型	基本特征	图示
SM（sectional moclularity）可组合模块化	多样化定制；最稳定；最柔性的构件组合	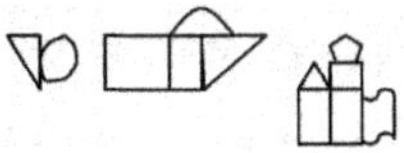

资料来源：Sturgeon T. Modular Production Networks：a New American Model of Industrial Organization [J]. Industrial and Corporat Change，2002（3）。

2.1.3 模块化原理在经济层面上的应用

近年来随着信息时代的飞速发展，模块化在工业技术设计应用领域逐渐展开，并向产业组织、产权理论与经济发展理论等其他领域范围延伸、渗透。下文对模块化的原理在微观生产制造系统的设计领域、产业（企业）组织领域、产业发展三个领域层面上的应用研究进行简要的述评。

（1）制造系统领域。模块化原理在制造系统领域里较为常用。国内诸多学者：如童时中（2000）、陈永亮，徐燕申（2001）、刘旭（2002）、张凤玲（2002）等，对模块化的技术在制造系统领域内的渗透进行了细致的研究。他们一致认为模块化是一种新的设计方法，在制造业的生产过程中是一种新的标准化形式，为小批量、多样性的品种生产提供选择方式。陈劲（2006）指出在复杂产品制造系统创新过程中，模块化提供了开发复杂产品系统的创新流程。刘会芬（2009）则认为模块化的设计与制造的特征决定了模块化生产方式的形成。作为一种新型的生产方式，模块化是基于功能模块的设计、多品种流水线模块化装配等方面实现的。魏国江（2007）提出模块化生产与制造的涵义在于把一个复杂的制造系统分为若干个相互联系、独立自律的分系统，而各个分系统是具有独立性的特殊功能的模块，通过把分系统进行组合，来改变企业之间的协作方式，实现新的合作与分工。

结合众多学者对模块化在产品制造领域的研究，得出的结论就是：模块化在生产与制造领域中的运用已经是极为普遍而且日益凸现的经济现象。从模块化本身的演进历史来看，模块化生产的实践是远远领先于理论研究的。它作为生产原理在制造业的应用已超过了一个多世纪。在20世纪初，模块化就被应用到机械设计及生产中。到了20世纪50年代，更多的国家在生产技术与科技革命的发展中提出模块化的制造设计理念，使得模块化在制造系统中的地位也显得越来越重要。从学者的研究中可清晰地把握这一脉络：模块化在制造系统的应用改变了整个社会的生产方式，对现代工业化生产方式变革的影响是很巨大的。在这一观点上，很多学者（王学嵩，2002；肖凤玲，2008）等也持有相同的结论。

（2）产业组织领域。笔者在学术期刊的数据库里进行检索，发现模块化理论与产业组织理论结合在一起的研究是深受广大学者们青睐与关注的。这个领域的文献是模块化理论在经济学研究中最为密集的。把模块化的问题引入到产业组织领域中，主要源于模块外包的实践。因为模块化在信息技术时代的应用说明单一企业生产完整的产品上是不可能的，多数产品的生产环节都将实行模块外包，由不同的企业来承担。模块外包的先进程度也反映了外包企业（供应商）与生产商之间的规则标准化统一的结果。如何协调企业之间或是产业之间的关系，是模块化原理解读产业组织理论的初始点。

Baldwin 和 Clark（1997）研究了从1950年到1996年47年的计算机产业的时间序列数据，认为在计算机领域的模块思想的成熟改变并影响了其他产业诸如信息、汽车、机械制造、金融等，从生产过程逐步扩展到设计、研发，由最初的呈高度集中的状态演变为现代的高度分散的结构，对产业组织结构的影响具有革命性的意义。此外，还有 Langlois（2002）等人对模块化与企业内部的实践进行系统性研究，认为模块化可以引发知识创新，导致产业组织在垂直或水平层面进行分解，企业在这样的外部网络中以掌握竞争优势来获取利润。国内学者温承革等（2006）应用组织与自组织理论分析了模块化生产网络的特点，并依据企业之间的实力与影响力等因素，把模块化组织模式分为两大类：一类是核心型企业网络组织模式，另一类是分散型企业网络组织模式。杨晓燕（2006）通过对模块化网络组织的研究，认为模块化企业组织之间具有一定的协同关系，并构建了企业成员之间协同关系的合作模型。王宝友（2002）等人作为较早研究模块化与产业组织理论的学者，认为模块化是虚拟企业实施的关键因素，通过企业的组织结构的考察，得出模块化的企业之间能够迅速构成动态联盟。徐宏玲、李双海（2005）也认为新时代企业生产与发展的内外部环境发生了巨大的改变，而模块化产业组织形成的原因之一就在于价值链形态的演变及价值链边界的放松。

模块化与产业组织理论相结合的研究，主要集中于模块化组织及网络的形成与拓展上。模块化通过对企业、产业的影响，对产业之间的关系也有影响。在模块化条件下，新的分工已经从线性的生产工序、生产工艺的分工发展演变为立体的或平面的网络功能分工，由于模块化分工的产生使原来产业链中企业之间的关联方式发生了巨大的变化，产业链中的各环节对价值创造的贡献也被重新界定，价值和利润也在产业链上变化转移，而且转移的范围越来越大，转移的方式越来越多样化，转移的频率也越来越快。通过对产业链的影响，进而改变了产业内部与外部的条件，形成了具有模块化性质的产业组织。

（3）产业发展领域。模块化与产业发展领域相结合的研究文献主要从两个方面展开：一个是在实践层面上的研究；另一个是理论层面的研究。实践方面注重对各个产业的研究，包括制造装备业、汽车业、金融业、其他服务行业。而理论层面的研究主要围绕着产业模块化问题，对产业模块化的内在机理及升级等方面进行拓展（见表2－2）。

表2－2　国内学者对模块化与产业发展领域的研究文献

实践研究	装备制造业	信息产业（伍华佳，2007）；计算机（孙晓峰，2005）；电子电器（白雪洁，2007）；IC产业（朱瑞博，2004）
	汽车业	汽车产品（陈涛、李文彬，2003）；汽车制造业（张欣、马土华，2006）
	金融业	银行业（王鹤、李建国，2004）；金融业及服务业（杨枝煌、林宇驰，2005；钟惠波，2005）
	其他服务行业	交通运输业（孙宏伟，2006；齐振法、赵坚，2006）；房地产业（郭婧娟、徐寿波，2006）；会展业（应丽君，2003）
理论研究	产业模块化	产业技术学习模式（柏昊、杨善林，2006）；产业发展机理（张元智，2006）；产业的模块化升级（朱有、张向阳，2005）

资料来源：胡晓鹏：《模块化：经济分析新视角》，人民出版社2009年版。

2.1.4 关于模块化研究的简要评论

综合来看，学术界对模块化在经济发展领域方面的研究还是很全面、细致的，小到微观层面的生产设计领域、大到中观产业组织及产业的发展。在20世纪90年代到2010年之间短短的十几年间，模块化与经济学领域的研究文献每年都以较高的速度增长。文献的增多说明学者对模块化理论的热衷，也反映了模块化理论本身的魅力所在。但从研究的深度与广度来看，还存在一些问题。比如大部分的学者都仅仅停留在概念的界定方面，而没有深入到全球化的背景下来对模块化的发展战略问题进行研究。或者只从某个产业的单方面发展来认识模块与模块化，而未放置于一个大的经济系统内部来进行研究，把模块问题看成只是一个与研究者各自相关的专业性问题，忽略了各个经济领域之间与模块化存在的内在联系。

模块化理论在经济层面上的应用研究，让我们从不同的角度了解并解读了其内在的涵义。但是，模块化的理论也有其自身的局限性。首先，模块化理论在解释企业（产业）发展过程中的变化中，具有很多的限制条件。Sabel与Zeitlin（2004）认为在模块化结构中不可能建立稳定、宽泛的界面规则，消费者和供应商之间有效的互动使复杂要素和组件难以长期下去。在系统的各子模块与系统内其他模块的关系没有发生变化时，那么模块化的系统很难发生创新。如果模块之间的协调机制没有得到很好的发挥，那么必将影响整个模块绩效的发挥。其次，模块之间的相互依赖是有一定的成本的，在制定及设计规则的过程中，成本、交易费用是不能忽略不计的。如果各个模块不能依据系统内部的设计规则，无法创造内部的“隐形模块”，那么模块系统的发展就存在一定的局限性。最后，模块化内部还是存在一定的风险。模块化外部的显性规则导致模块之间的竞争逐渐缩小，但是市场竞争把视线转移到内部模块的设计层次上，而内部模块设计的规则又是隐性的，所以加大了市场的风险。

模块化理论的局限性是由模块化本身的特征所决定的，尽管其内部的操作存在着很多限制条件，甚至具有多种弊端因素，可是在信息技术及知识经济的背景下，模块化的生产方式已经成为新时代的一个标志性特征，这一点是不能否认与质疑的。而且，从模块化在不同层面经济领域的研究文献中也不难发现，模块化理论虽然不是一般普遍意义上的经济理论，但它与经济学相关的理论进行结合，有助于我们理解或重构新经济时代的经济学，也能够帮助我们深入剖析在信息与知识经济背景下现代经济理论的基本内涵与特征表现。昝廷全（2003）认为模块化是解决经济系统矛盾的有力手段，是新产业结构的具体表现。模块化可以作为一种经济学分析的技术方法，能够有效处理经济系统内的复杂多变的问题。从本书的研究对象——工业化这个范畴来看，工业化本身就是一个复杂经济系统的演进过程，工业化内部的产业运行及产业链的微观形态的变化，都将涉及工业化整体模式的改变。用模块化原理来阐释与解读工业化问题，能把复杂的工业化系统运行状况逐步分解、细化，使错综复杂的工业化内部各种关系及经济现象更为简单化。

2.2 工业化理论

2.2.1 马克思工业化思想

在马克思的《资本论》中很难查询到关于“工业化”的词眼，可这并不意味着马克思没有对工业化问题进行深入研究，恰恰相反，马克思对工业化的动力机制、工业革命与资本积累等方面作了一番翔实的考察，并准确概括或描述了资本主义工业经济运行体系的完整框架。从工场手工业的协作、分工到机器大工业的生产方式变革，从资本的原始积累到资本主义列强的殖民角色定位，从农业革命向工业革命的过渡，都以工业化作为一条主线贯穿其中。具体来看，马克思认为产业革命带来的科学技术的应用改变了原有的生产方式，由分工带动了生产力飞速发展，形成资本主义大工业生产的宏伟局面。工业化把技术普遍应用到社会化生产领域中，通过一个部门生产方式的转变到其他部门生产方式的转变，从而建立了新的世界市场联系在一起的大工业。

工业化发展过程可从分工的历史演进的角度进行划分，首先，是简单的生产资料的转化，马克思强调："由于分工，劳动生产力提高了，一定劳动量在一定时间内消耗的原料数量也就按比例增大。……社会的生活资料和生产资料越来越多地转化为资本，这是由工场手工业的技术性质产生的一个规律。"[③]马克思从分析工场内部分工入手来揭示手工业的资本主义性质，因为这是生产资料转化为资本形式的必然渠道。其次，是工场手工业向机器大工业的转化，生产资料中的劳动工具在社会分工条件下生产出机器，机器作为现代大工业的物质技术基础构成了工业化产生的前提条件。而机器本身的一部分即工具机的发明及使用则成为18世纪工业革命起点的重要标志，不仅带来技术层面的革新，还为具有现代特色的生产方式奠定了基础。传统的手工业内部分工开始向新分工进行转变，新分工具有纯技术性，替代了原有分工人为差别化的技术基础，形成在统一组织结构下各级工人以机器为依附的各级分工制度。与此同时，生产过程也将分解为不同的构成要素，专门化机器的使用加速了劳动生产率的进步。最后，机器大工业发展到一定阶段引发国际分工的出现。新的国际分工把先进国家单一生产中心转化为典型的世界二元结构经济体系即从事工业生产的殖民主义宗主国和农业生产的殖民地落后国。此外，马克思对于工业化和城市化的问题也有过详细的考证。他从城市的起源角度展开分析，亦在说明城市化的程度是伴随工业化进程的加快而逐渐提高。而城市人口的集聚与增长，又成为工业化源源不断的力量源泉。

马克思的工业化思想是极其丰富的，把工业革命、人类生产方式、社会变革等问题都广泛地包含进来，并对工业革命引发人类生产方式、社会变革的现象进行微观细致的分析，得出工业化将改变人类社会一切的结论。马克思认为，工业革命及工业化的实质是社会生产方式的变革。而生产方式的变革不仅是物质技术方面的变革，更是生产关系及社会关系的变革。马克思的工业化思想体系建立在对工业革命系统研究的理论层面上。从现代经济理论的分析视角来看，这样的论断具有深刻的理论意义和现实价值。正如马克思所言工业化的社会是一个不断变革的社会化，即“现在的社会不会是坚实的结晶体，而是一个能够变化且处于变化的有机体”[④]。因而，工业化将是一个漫长的历史过程，工业化的历史进程也将与各种社会变革联系在一起。

2.2.2 西方工业化理论综述及简评

20世纪30年代之后，有些西方学者在考察世界各国经济发展中，围绕着工业化这个与经济发展紧密相关的核心问题展开热烈讨论。相继涌现出不少工业化理论的研究成果，这些研究成果为发展经济学理论搭起支架，也为工业化理论的后续研究指明了方向，构成了传统工业化的理论内容。这些研究主要集中在工业化的结构、工业化的阶段划分、工业化与经济增长等方面的探讨。

（1）工业化结构理论。刘易斯作为发展经济学的鼻祖，针对发展中国家发展过程中存在的现实困境提出二元结构理论。他认为，发展中国家的传统农业部门能够无限制地提供劳动力，与现代城市工业部门相比，农业劳动力较为丰裕、工资也较低，其边际生产率为零甚至达到负数。因而，在两大部门巨大的劳动生产率差异的情况下，工业部门以提高工资来吸纳农业部门的劳动力发生转移。倘若工业部门不断通过资本积累扩张规模，将会需求更多的农业剩余劳动力，如此循环往复，农业劳动就全部转移完毕，两部门的经济差异也逐渐消失。

刘易斯的二元经济结构理论比较符合工业化的本质，也体现了工业化所表述的基本原理。在他的研究视野里，工业化就是剩余劳动力从农村向城市的转移过程，也是农村向城市化发展、变革的过程。生产部门可划分为两大部门：农业劳动部门和工业劳动部门。农业劳动在城市工业部门进行生产，获得了比原有工作更高的收入，也将有更多的积极性投入并推动城市工业部门的深化发展。工业化的进程将对双方都有利：一方面，农业劳动能够实现充分就业；另一方面，农业部门的生产效率通过技术进步实现生产效率的飞速增长。尽管在刘易斯的模型中假设的条件过于严格、论证与现实没有完全符合，但是他为后来学者们提供了一条很好的思路，美国学者费景汉（Johne）、拉尼斯（Gustav）、乔根森（Jorgenson）等人在此基础上提出“拉尼斯—费模型”和“乔根森模型”，对刘易斯二元结构进行补充和修正，通过放松一些假设来验证二元经济结构理论的合理性，使其更加符合发展中国家的经济实际的增长模式。

德国学者霍夫曼（Hoffmann，1931）从产品结构视角来研究工业化问题。他提出一个基准比率，即工业消费品净产值与工业资本品净产值之比，用公式表示为：霍夫曼比率＝工业消费品净产值/工业资本品净产值。他根据这个比率来验证世界二十多个国家八大类产品中工业消费品和工业资本品的比重变化，结果发现尽管各国的工业化时间不同，发展程度也各异。但都遵循着一条规律即工业资本品净产值在整个工业净产值中所占份额是呈稳定上升趋势的。

霍夫曼以工业结构变化来揭示工业化发展的一般性规律，并深入分析产生这些变化的原因，是由工业部门内部增长率的差异性、技术进步、劳动力素质及熟练程度、消费者偏好等因素带来的。此比例看似简单但内容深刻且应用广泛，成为早期一些发达国家用来刻画工业化内部的轻、重工业产品结构变化的重要依据。客观性地对霍夫曼结构比例进行反思，发现它也有一定的局限性。在经济发展的早期阶段，这个比率具有很强的说服力。但是到了发展中后期，由于工业产品内部的复杂性和结构性差异日益凸显，资本品和消费品的界限模糊，就很难用这个比率来对工业结构的变动趋势做出正确判断了。此外，结构比例也只能大概说明工业内部的重工业的结构转换规律，并不能反映工业化的整体面貌。霍夫曼比例应用于欧美、日本、中国不同国家，因各国的工业化过程、发展模式、工业内部劳动生产率迥异，得出的实证检验的结果也将产生很大的偏差。

美国经济学家克拉克在威廉·配第的基础上把国民经济简单地划分为农业、制造业及服务业三大产业。他通过计算 20 个国家的各部门劳动投入和总产出的时间序列数据之后，得出结论：随着国民收入水平的提高，农业生产总值和劳动力就业的相对比重逐渐下降，而制造业的从业人数和生产总值的比重将趋于上升趋势。在经济进一步发展的引领下，服务业的比重和从业人数也开始上升。此外，他们还系统分析了就业比例演进的内在形成机制。包括不同产业的收入替代弹性及技术进步带来的投资报酬差异这两个方面。配第—克拉克对工业化问题的研究是从就业结构转变的角度入手，侧面地反映了国家或地区经济增长方式转变的显著特征，说明就业结构与产业结构的优化将带来工业化的飞跃进步，推动经济发展水平从低级到高级动态提升。然而，就业结构仅仅只是工业化发展基础的一个表现形式，若把其夸大到可以刻画工业化整体面貌上来，似乎欠缺妥当，也不能全面反映工业化阶段性的实质内容。

（2）工业化阶段理论。著名经济学家钱纳里运用投入—产出、一般均衡分析方法及计量经济模型，重点考察以工业化为主线的发展中国家，借助多国模型提出了标准模式。他将不发达经济到成熟工业经济经历的变化过程分为三个阶段：第一阶段是农业经济阶段（也称初级产品生产阶段）；第二阶段是工业化阶段，其中又分为初期、中期和后期；第三阶段为发达经济阶段。他重点研究了第二次世界大战后兴起的 9 个准工业化国家和地区的经济结构变动和发展，确定了外向型、中间型、内向型三种工业化型式，其中外向型又分为初级产品生产导向和工业生产导向[⑤]。他认为工业化是经济结构转变的重要阶段，而结构的转变取决于两类主要因素的演化：总需求的水平和要素供给的结构。不同国家贸易战略和政策上的差异是工业化所处不同阶段的主要原因，结构转变形式的多样性使得各国工业化不等同于一个标准。

钱纳里的研究结论说明了以下几点：首先，经济结构转变同经济增长呈正相关，在非均衡条件下结构转变能加速经济。其次，结构转变的表现方式可以具体到部门、产业、要素内部，不同阶段的结构转换对经济增长贡献的重要性有区别。再次，结构转变与人均收入水平呈规律性发展趋势，发展中国家经济增长的空间潜力巨大。最后，经济结构与国家的发展战略联系紧密，开放程度越深的国家工业化发展就越为迅速。钱纳里的发展类型理论是从发展中国家工业化问题开始展开讨论，以经济结构变动的角度来探索工业化的根源，并运用了较为完善的分析框架对影响工业化和经济增长的各种因素进行详尽而深入的分析，理论和实证的相结合是钱纳里等人研究工业化的典型特征。同时，还对这些新兴工业国家的发展型式及战略进行比较，为发展中国家制定发展战略和政策提供可供参考的历史经验。

（3）工业化与经济增长理论。美国经济学家库兹涅茨在对现代经济增长的研究中，将资源由农业向工业转移确定为产业结构转变的基本特征。他的研究表明战后发展中国家的工业化和收入水平增长存在很高的正相关性，发展的趋势将受国家内部资源的禀赋条件及政府主导政策等因素的制约。工业化与经济增长具有一致性。因而，工业的过程就是经济不断增长或者经济体系内部产业结构不断优化的过程。具体表现为：在工业化的初始阶段，第一产业即农业在国民经济总产业中所占的比重是远高于工业的。随着工业化的不断推进，工业化进入中级阶段。中级阶段以第二产业的产值大幅上升为标志，在结构中建立较强的优势，并成为主导产业。到了工业化发展的后期阶段，第三产业的比重将逐步提高，与此同时，第一产业比重降低，第二产业的比重转为稳定状态或略有下降。工业结构比例的变化将经历一个先上升再下降的倒 U 形。

在库兹涅茨的工业化理论中，可以明显看出他的工业化思想是与产业结构的演进方向趋于一致。这对国民经济领域中的生产部门产值和劳动力份额的变动趋势比较有说服力。但这种工业化阶段划分的指标体系有些单薄，不能全面反映产业结构内部特征。他的理论对以后学者们的研究起到一定的启发和影响，他们在继承了库兹涅茨理论思想之上扩大了研究领域，提出了一种对低收入国家工业化原因进行比较的新方法。

美国经济学家罗斯托提出的经济成长阶段理论，是一个经济发展的历史模型。该模型把一个国家实现现代化（工业化）分为五个必经的基本阶段。包括：传统社会阶段、起飞准备条件阶段、起飞阶段、趋于成熟阶段和大规模消费阶段，如表 2－3 所示。

表 2－3　罗斯托工业化过程模型

工业化阶段	典型特征	社会类型	产业形态
传统社会	等级制度严格	典型的农业社会	农业、畜牧业为主
起飞制造条件	过渡、社会行为转变	工业社会前期	农业、制造业并存
起飞阶段	生产进步、投资率 >10%	工业社会中期	工业占主导
趋于成熟	投资率 >20%、配置优化	工业社会后期	工业与服务业共同发展
大规模消费	以消费为主、福利时代	服务社会	服务业为主

资料来源：根据罗斯托起飞理论内容填制。

这五个阶段实质上反映了工业化过程的五个步骤。传统社会阶段是工业化发展的雏形，在这个阶段里，农业经济占主导地位，农业生产成为人类最基本的生存方式。工业化过程的第二个阶段是起飞准备阶段，为工业化成熟时期制造条件。此阶段，工业革命的爆发促进社会行为方式发生转变，资本主义国家步入原始积累时期，科学技术向社会各个部门扩散、渗透，生产力飞速提高。当工业的发展超越了农业的进步并成为社会的支柱行业时，就标志着起飞阶段的来临。第四个阶段为工业社会后期，工业与服务业将齐头并进，现代体系的服务行业逐渐扩大，资源在社会、经济各个领域实现优化配置。最后一个阶段是经济发展到成熟期，服务行业占有很大优势，人类生存方式以高额消费为主。随着人类消费理念的提高，人类的居住环境得到改善，福利共享与社会保障涉及的范围更为宽泛。

罗斯托的工业化过程论只是针对资本主义国家特别是英国的经济发展历程做了划分和设想，并未提到发展中国家如何确定本国优先发展的主导产业和战略选择问题，他的模型与发达国家整体经济发展趋势相向吻合。但就资本主义发达国家个体而言，经济、政治制度、社会体制在不同国家都有着不同的内容，因而只能选择和本国实际相符的主导部门作为重点发展对象，才能向工业与服务业为主的多样化发达经济形态转变。

从西方经济学家对工业化研究的过程看出，他们似乎更热衷于结构问题，把经济结构视为工业化的根源，来验证西方国家工业化的水平或典型特征。通过对经济结构进行细分，分为产业结构、产品结构、就业结构等方面，来突出工业化运行过程中的一般性特征。工业化不仅仅是这些结构的调整和优化的深层次反映，更能够反映出经济发展过程中的动态演变趋势。

2.2.3 现代工业化理论研究及述评

（1）微观领域的研究。当今众多学者普遍认为，工业生产领域中的企业内部模式的变革也是工业化发展的一个典型特征。企业作为微观层面是工业化发展的基础条件，企业内部的信息基础、技术管理、资金运作等都将引发工业化程度的差异。桑加亚·拉尔（2000）提出：“工业化成功的基本因素是在企业这一级中达到静态与动态的最优效率。企业的运营效率则取决于它在经济上动员外部的能力，把它们结合到其组织中，并产生自己的一套技术、管理和其他能力。”中国学者刘晓伟（1998）认为在18世纪70年代发达国家工业化进程开始以前的很长一段时期，制造业中占统治地位的企业生产方式是工场手工作坊的单件生产方式。它靠技术娴熟的工匠用手工方式和简单的通用生产工具精心地、一件一件地按不同买主的要求来制造产品。美国学者瑟夫·派恩（2000）通过对福特公司的单件生产方式和大规模生产方式的效率比较，得出大规模生产理念是基于福特公司的成功经验，并成为第二次世界大战后世界工业化发展的主导生产模式。随着经济全球化和信息化，工业企业内外部的生产经营条件发生了根本性变化，面对消费市场顾客对产品的差异化需求，企业新的生产方式应运而生。Jones（1999）通过对采用大规模定制生产方式的丰田公司分别做了深入细致的调查，结果表明公司在人力资源使用、制造空间占用、设备投资新产品创新时间等方面节省了很多成本和提高了效率，实现了零库存和更多样化产品的生产。这种灵活的生产模式为西方多数资本主义国家工业化提供了强有力的竞争基础。

Levitt（1970）提出将制造企业的管理方法用于服务业企业的管理，使服务业的运作活动“工业化”。此外，还有不少学者把企业生产模式由制造型转变为服务型的过程看成是工业经济过渡到服务经济必然出现的重要内容，是工业化发展后阶段涌现的一种新的企业生产方式。美国部分学者将这种生产方式称为“service based manufacturing”即基于服务的制造，日本学者则称其为“service oriented manufacturing”——服务导向型制造，英国学者则统一认为这是一种新的产品服务系统的生产方式的诞生。中国学者孙林岩（2008）提出了服务型制造的概念模型，他认为服务型制造系统是从传统制造模式演变而来的新的先进制造模式。通过在企业内部虚拟化的网络制造环境中进行柔性化的小批量生产，使顾客满足多样化的心理体验，实现顾客价值和自身利益的共赢。Hammant J.、Disney S. M.、Childerhouse P. 与

Naim M. M. （1999）认为企业在服务型制造网络上的定位和变迁表现为企业根据市场和技术环境的变比，整合、重组、获取和让渡资源，实现企业边界、结构、行为的动态调整，甚至创造了市场的变化，实现企业绩效的提升。李刚（2008）提出服务型制造网络企业制造模式演化模型，是基于动态知识能力的企业服务型制造战略的演化。石宇强、吴双（2009）运用网络技术及网络制造的理念与方法，提出网络支持下的服务型制造模式的概念模型，并建立了基于网络的服务型制造系统的体系结构。

诸多学者对企业生产方式演变研究的不断深化充分说明工业化生产模式的转变是与企业内部生产方式的变革有必然的联系。工业化发展的微观主体就是企业，因而这些学者看似只是定性研究企业的生产方式，实质上也是对工业化微观领域的主体行为进行具体而深入的探索。由企业生产方式的变革来揭示工业化演进过程阶段性的微观主体特征，能够为具体的国家在不同的发展阶段实施何种工业化模式提供一种前瞻性的借鉴与启发。

（2）中观领域的研究。工业化的中观主体是产业或行业。产业形态演进的趋势反映了产业结构的合理化配置。随着经济的不断发展，产业结构的演替是呈波浪型上升的，最终将是以现代服务业占绝对优势。生产者服务业作为现代服务业的核心其发展是极为迅猛的，在产业链条不断延伸与扩展的基础上，迅速成为现代工业化发展的基本动力来源和主导性力量。作为现代服务业中新生的生产者服务业（信息、物流、金融、会计、咨询、法律服务等），成为当代学术界热情关注的研究对象。

Grubel 与 Walker（1989）对生产者服务给了一个明确的定义：生产者服务就是提供给生产者而非消费者的服务，与直接满足最终需求的消费者服务相对，是为其他商品和服务的生产者用作中间投入的服务。Grubel 与 Walker（1989）得出了生产者服务作为现代服务业的最大组成部分，也是经济增长最快的组成部分的结论。并认为生产者服务是人力资本与知识资本的传送载体，是提高商品生产领域生产率的重要因素。James W. Harrington（1997）通过对美国华盛顿特区典型案例研究，对这一地区生产者服务业46年（1951年到1996年）的就业增长趋势进行了分析，发现生产者服务业对就业率提高的贡献程度很大。Coffey（1990）从竞争策略的角度分析生产者服务外包问题。他认为面对不确定性，企业会通过外包来分散风险，将资源集中在价值链中企业最有竞争优势的环节，这样有利于提高企业的灵活性和效率，从而增强企业的核心竞争力。David L. Mckee（1988）从国际分工的角度分析了20世纪80年代以来发达国家日益明显的离工业化问题。他指出，随着发达国家纷纷把传统工业外迁到发展中国家，形成了发达国家与发展中国家之间“较高层次的服务业与一般工业、制造业”的国际分工格局。Park（1994）使用亚太地区国家的投入产出表对服务业与制造业之间的互动关系进行了较为详细的比较研究。通过采用依赖度指标反映总投入中某种投入品的重要程度，他发现生产者服务业对服务业的依赖度超过了制造业，尤其是对生产者服务业自身依赖程度较高。

关于生产者服务的特征，顾乃华、毕斗斗、任旺兵（2006）进行了归纳总结，认为相对于直接满足最终需求的消费者服务来说，具有如下3个显著特征：它的无形产出体现为“产业结构的软化”；它体现为被服务企业的生产成本；它能够把大量的人力资本和知识资本引入到商品和服务的生产过程当中。刘志彪（2006）认为从世界发达国家的经济结构变化和产业升级战略来看，生产者服务能够发展成为一个国家国民经济的支柱产业。张国丰（2006）通过对生产者服务的理论根源进行探索，得出生产者服务业是服务经济形成和发展的原动力的结论，并对生产者服务业产生的原因和影响进行了理论层面的分析。李冠霖（2002）采用中间需求率作为划分生产者服务业的指标，认为中间需求率超过50%的服务行业是以提供生产性服务为主的行业。侯永志和陈波（2002）采用1997年投入产出表，分析了中、日、韩三国服务行业生产者服务使用率的差异。顾乃华（2007）采用英国投入产出数据对高新技术产业与现代服务业的耦合现象进行了理论分析和实证检验，认为高新技术产业同生产者服务业的耦合，有利于生产者服务企业提高核心能力和拓展服务范围。陈宪、黄建峰（2004）从社会分工的视角指出生产者服务业发展的内在决定机制。

从学者对生产者服务业的定性及定量研究，可以得出这样的结论：生产者服务业作为在信息技术变革时代下知识密集型特征的产业，是工业化内部产业演进过程中的必然现象与产物。随着工业化进程的不断加速，制造业内部的分工也日益细化，生产者服务业从制造业内部逐渐分离出来，形成为制造而服务的行业，并且出现与制造业互融的局面。这些研究为工业化研究开创了独特的视角，也积累了大量的文献。比较遗憾的是，现有的文献中缺乏从宏观层面对工业化演进的整体性研究。

2.3 产业价值链理论

价值链（value chain）的概念最早是由迈克尔·波特（1985）提出的。格里芬（Gereffi，1999）使用波特的价值链概念来分析国际分工，提出价值链分工的概念，并建立了全球价值链（global value chain，GVC）的分析框架。格里芬的全球价值链理论，为后续研究全球价值链的运行机制、治理结构、发展中国家的产业升级等问题奠定了基础。

研究工业化新趋势，就要深入地考察企业、产业之间的关系的演变历程，挖掘企业、产业内在生产关系的变革。而产业链本身可作为中观层面的研究（王晓博，2008），说明企业之间的或者由产业形成的不同产业部门之间的动态关系。学者们对产业链及其在价值层面的研究提供了相当丰富的素材。这里主要列对本书论据有关的产业链分工与价值链模块化的相关研究文献。

各国技术水平的差异可导致工业生产中产品内价值链进行分工，工业在全球范围内也将实现合理布局。赵文丁（2003）认为伴随着国际分工的深化，国际分工的产业边界在弱化，产业链条或产品工序的作用在提升。在产业链条层次，由生产制造环节向研发设计和品牌营销环节的转移是增值能力和分工地位提升的显著标志。Antweilier 与 Trefler（1997）也赞成在全球范围内或区域范围内通过多阶段生产或片段化生产来表现产业链分工形式。Grossman 与 Helpman（2002）认为产业链分工是新的分工形式，通过用产业外包来表现。卢峰（2004）则认为产品内分工更能表述产品内价值链分工的内涵。产品内价值链分工实际上是一种垂直专业化产业内分工，其核心内涵是特定产品在生产过程中，运用不同工序或区段通过空间分散化展开成跨区或跨国性的生产链条或体系。Poon（2004）通过微观层面的实证分析，认为产业链的不断演进，促进了技术不断变革，催生了产业结构的不断调整，导致了产业链条中价值分布重心的转移。

随着新经济时代的到来，越来越多的学者认为产业链分工在知识和信息的两大生产要素催生作用下，是朝着模块化网络形式的方向演进。芮明杰等（2006）在对规模经济专业化分工、模块化经济、网络效应的价值创造过程和知识共享的内容进行比较之后，揭示了不同类型产业链价值创造和知识整合的差异。提出产业链的知识整合、价值模块整合与产品整合的三维度模型，并在野中郁次郎（2000）SECI 模型的基础上，引入动态知识价值链，构造了一个新的知识创新模型，深化了对模块化体系中产业链知识整合机制的认识。Humphrey 和 Schmitz（2002）认为在模块化的产业价值链中，由于参与各方在关系上的互补性、对等性，合同制造商可以实现向价值链中高端环节的持续性爬升。如果发展中国家制造商能嵌入到这类价值链中，就会处于有利的升级环境。朱瑞博（2006）认为不同的价值模块通过多样的模块化组合，形成纵横交错的价值网络，而不同的价值模块可能分属不同的产业。从产业层面看，这种价值网络就表现为一种网络化的产业链结构。Callahan 和 Pastemack（1999）认为在模块化背景下，价值模块成了构成价值链的“基因”，价值链则成了由一组价值模块按照某一界面规则构成的“基因组”。价值模块化的过程，就是价值链解构、整合和重建的过程。

产业链及产业价值链分工的研究可充分表明：当代经济全球化与国际分工细化的日益凸显，产业链的形态也发生了根本性的变化。从演变过程来看，由传统的单一产业链形成了产业链分工模块化，产业组织开始从传统的垂直一体化（vertical integration）结构向垂直分离（vertical disintegration）结构演进。这说明工业化生产分工本质上的改变，即工业内部一体化生产转向全球范围内多阶段或片段化的工业生产。

2.4 制造业服务化理论

随着信息技术的发展与扩散，制造业内部的分工也越来越细。制造业改变了传统只生产产品的方式，通过以提供服务来增加产品的核心价值。从单纯的销售产品转为销售产品与服务的双重功能。制造业内部的服务功能在逐渐增强，服务化趋势已成为当今制造业的发展主要趋势之一。对此，很多学者开始对“制造业服务化”的问题进行研究。

国外学者对制造业服务化的问题主要有两种观点：一种认为制造业服务化是制造企业内部功能角色的转换，从生产物品的角色转变为提供服务，这个转换的过程是呈动态变化的。White 等人都赞同这一观点，认为制造业的生产产品的过程也是服务的过程。Szalavelz 等人也表明制造企业参与到市场竞争中的决定性的因素，就是由制造业内部的服务效率的高与低所决定的。内容的服务不仅仅是制造企业内部在价值链层面上提供的服务环节，还是在整个生产过程中需要的专业性的服务。Vandermerwe 与 Rada 认为制造业服务化可以带动制造业内部的创新，延伸制造产品的生命周期，增加制造业在市场上的竞争优势。国内学者刘继国（2006）认为制造业服务化实际上可以从产出服务化及投入服务化这两个角度进行诠释。另一种观点是：国内学者刘鹏（2008）认为制造业服务化的过程实质上就是制造业与生产者服务业融合的过程。而且两者的融合是通过服务业的价值链向制造业的价值链渗透或延伸来实现的。

事实上对制造业与生产者服务业融合的问题，已有很多学者对此进行专项的研究了。比如顾乃华（2005）基于分工视角，根据“斯密定理”和“杨格定理”，描绘了生产者服务业与制造业的互动融合在不同地区的表现。Francois（1990）强调制造业与生产者服务业是互动融合关系，同时他认为二战后生产者服务日益重要，是因为专业化导致的企业规模报酬递增、乃至市场扩张的结果。在两者的实证关系研究中，学者们主要借助数量模型来刻画生产者服务业与制造业的互动关系。Riddle（1986）认为服务业（主要指生产性服务业）是促进其他部门增长的产业，是经济的黏合剂。他还利用交互经济模型，展示服务流在采掘业和制造业发展中的作用。Se - Hark Park（1990）、薛立敏等（1993）、李冠霖（2002）均运用投入产出法，分析了服务业（包括生产者服务业）与制造业之间的产业关联波及效应。Markusen（1995）在Ethier的研究成果基础上，将生产者服务业作为中间产品引入模型，解析了生产者服务业促进制造业和经济增长的内在机理，以及进行生产者服务贸易的积极意义。Francois在专业化导致递增报酬以及垄断竞争市场假设前提下，用数学模型推导出相似的结论。John Tschetter（1980）指出美国生产者服务业的快速成长，反映出美国制造业为提高市场竞争力，将原来由内部提供的服务转换由外部专业厂商来提供，进而影响制造业与生产者服务的产业人口结构变化。

实际上，学者们对制造业服务化的重视，源于对服务化进行详细的理论探讨。在仔细查阅了有关的文献后，笔者发现制造业服务化不仅仅是制造业内部分工的深化，更是在经济服务化的影响下制造业发展过程中呈现的一个新趋势，代表一种全新的范式。制造业服务化的内涵具有一定深刻性。在信息技术背景下，制造业内部的信息服务投入逐渐增多，受环境因素的影响，制造业内部还将出现了对环保、科技等服务的需求。因而，制造业服务化的深化过程，就是制造与服务逐渐融合的一个过程。

2.5　对相关概念的界定

2.5.1　工业化

工业化作为学术界多年以来引用的高频词汇，学者们对工业化内涵的理解呈多视角性，因而存在着许多不同的定义。若把工业化视为国家或地区的进步的目标，可表述为“一个国家或地区由落后的农业国（地区）向先进的工业国（地区）的转变”⑥；若把工业化视为生产工具变革的必备条件和背景，可解释为工业化是机器大工业和动力机械广泛应用于经济生产领域并占首要地位的发展阶段；若把工业化描述为制造业产值或劳动力就业人口比例提高的趋势，工业化就是工业生产领域里生产要素不断优化且向高级方向发展的动态过程；若把工业化看成是经济发展的战略，工业化是一个国家用来实现提高物质、精神生活水平的必要手段。以上四种主流观点都是把工业化作为一种转变过程中的性质或状态，抑或是一种手段和目的来看待。

从科学与系统的角度看，工业化是个含义丰富但存在分歧的概念。工业化的概念正如工业化的实质一样在不同的历史阶段具有不同性质的内涵，囊括的范围也不断地具体、深入。进一步来讲，不同的国家在不同时期的工业化模式和道路都会因自身的自然禀赋、社会经济条件、文化宗教等指标表现出差异性的一面。但无论这种差异有多突出，都将难以否认工业化作为人类社会发展（整体角度）抑或是任何一个国家、区域（个体角度）而言必须经历的过渡阶段。尽管各自发展的程度不同、时间长短不一、形式上有所差别，但是这个阶段是不能逾越、被替代的，并且是以最终完成工业化任务走向经济现代化为根本目标的。

中国学者刘永（2003）认为工业化并不只是发展工业，而是将工业生产方式和技术推广到全部生产、服务行业，从而使经济生活提升至一个新阶段。龚唯平（2001）则抛开经济层面而以更宽广的领域入手对工业化进行一般性定义。把工业化看作是人类社会发展中具有普遍意义上的历史阶段、是建立在机器大工业基础上的社会化生产方式普遍化的历史过程。他认为工业化一般性范畴必须突破其内在的规定，从经济发展、社会变革、文明进化三个层级来研究工业化的本质特征。

本书则把工业化的概念界定为工业化首先是一个动态的过程，是体现结构优化、社会经济持续增长的过程。其次，工业化的本质是社会化的生产方式，在不同的历史阶段，工业化生产方式的性质与范畴都会有所改变，进而也使工业化的形态发生了变化。再次，本书认为工业化内部主体的运行机制将决定工业化本身形式的发展。最后，本书以 20 世纪 70 年代为分界，把世界工业化历史过程划分为两个阶段：第一个阶段是建立在机器大工业物质技术基础上、以生产流水线为标志的传统工业化；第二个阶段是建立在知识和信息基础上、以模块化和服务化为标志的现代工业化。

2.5.2 服务化

随着服务业在全球经济发展中占有的越来越重要的地位，在国民经济中服务业的比重越来越大，“服务化”（servicization）一词也成为学者惯用的词汇。但“服务化”的概念在学术界至今还没有一个统一的认识。多数学者认为服务化是在工业化高度发达以后产业结构的一种转变，具体体现在产业结构中的服务业的比重逐渐上升，甚至远远超过了工业，成为产业中的核心产业。还有一些学者从广义来理解其内涵，认为服务化就是经济的服务化，是指服务性经济活动逐渐成为经济活动的主导方式的过程。中国学者厉无畏（2005）等人从产业的服务化的概念提出对服务化的理解，他认为服务化包括产业活动、产业组织的服务化。学者对服务化的界定都在一定程度上反映了其特征。

本书主要从微观的角度来定义服务化，认为服务化主要是指制造业的服务化趋势，是制造业从单纯的产品制造到以服务为导向的模式动态的转变过程。制造业的角色从单纯的生产产品向提供产品与服务并重的转变，表现为制造业与现代服务业的边界逐渐模糊的过程。

2.5.3 产业价值链

关于产业链的定义，不同的国内外学者都基于各自研究的视角进行了定义。按照复旦大学郁义鸿教授的理解，是把产业链等同于生产链，指“在一种终产品的生产加工过程中——从最初的自然资源到最终产品到达消费者手中——所包含的各个环节所构成的整个的生产链条。在产业链中，每一个环节都是一个相对独立的产业，因此，一个产业链也就是一个由多个相互链接的产业所构成的完整的链条”[⑦]。产业链不管是由多少个环节构成的，都可以将其分为垂直的供需链和横向的协作链。垂直是产业链的主要结构，通常由上游产业与下游产业之间的纵向关系所构成，可将其划分为产业链中的上、中、下游关系；横向协作关系则是指产业配套，由两个并行的产业之间的横向关系所构成。从现代制造业的产业链环节来看，一个完整的产业链包括原材料加工、中间产品生产、制成品组装、销售、服务等多个环节。实际上任何产业都能形成产业链，现实社会中存在多形式多样的产业链，而且众多产业链融汇在一起会相互交织构成产业网。在产业链中企业是链条中的一个小的链环，体现了在链条中的分工，进而反映了其内在的价值及竞争能力。Dicken（1998）认为全球化也是生产的全球化，实质上是生产活动突破了国家与地区之间的界限，实现了在地理位置上的空间分配。产业链在工业经济时代尤其是在信息技术革命之后，更多地体现在创造价值上。在不同的生产环节分工的价值中，寻求最优的价值升值空间。制造能力在生产环节中的价值模块能力越发地出现薄弱，而服务功能的模块价值越发地凸现。因而，在价值模块上的产业链分工是当今产业分工的一大突出性的趋势。

产业链的形成实质上是产业分工分化发展的结果，是与工业经济时代的迂回化的间接经济方式相联系的。一般而言，迂回化程度越高，产业链的链条越长，意味着产业分化越深，专业化程度越高，单位产品的生产成本就越低，从而产生出“迂回经济效益”，使整条产业链上的厂商能分享到这种效益。但当这一链条被切割得很细碎，在每个环节上的厂商通过市场联系起来时，生产者与消费者的距离越来越远，交易成本来越高，影响到整条产业链效率时，可称之为“迂回化的成本”。在厂商追求迂回经济效益、减少迂回化成本的过程中，就推动了产业链的发展与演化，从而推动了整个产业系统的结构演进。

产业链与价值链是一对密切相关的概念，很多学者在分析经济问题的时候为了便于简化，都把两者视为等同。Morganti（2001）等人在分析某一行业的价值链时，指出价值链与产业链是同一种表现形式。事实上，产业价值链是在价值层面上对产业链的一种诠释，用价值的角度来刻画产业链是目前学者常用的一种分析范式。中国学者余郁义（2005）认为，单纯的一条产业链是包括从最初的产品生产与加工的过程到最终产品到达到消费者手中，在整个生产链条上各个环节的综合。

本书也把产业链视为包括研发、加工、生产、组装、运输、销售、服务等众多环节所构成的完整的生产链条。为了从价值模块的角度更好地刻画产业链的分工状况，本书把产业价值链看成是在价值层面上具有研发、生产、运输、销售、服务五大价值模块创造的一条完整的结构链条。

3 世界工业化新模式：从生产型到服务型的转变

3.1 世界工业化转型的历史前提与时代需求

3.1.1 新时代背景下信息技术的变革

历次的产业革命都推动了生产力的飞速进步。产业革命也通过一系列新技术在工业生产领域内的应用，创造出全新的工业化生产模式和社会生活方式。马克思在《资本论》中花费浓重的笔墨来描述人类的工业化所带来的根本转变。正如马克思所论，工业革命带来生产力的跨越式发展，使得以英国为首的西方资本主义国家迅速迈入发达工业化国家的前列。在 20 世纪中后期的新兴产业革命中，信息技术作为新技术产业革命的标志，带动新材料、生物、通讯、新能源、空间开发等技术变革，推动了整个人类工业化与经济发展的进程。信息技术的变革为世界工业化的发展带来巨大的经济效应主要表现在以下几个方面：

（1）改变了工业化的技术基础。信息技术具有溢出性、增殖性、控制性等特征。在溢出性方面，信息技术可向各部门进行广泛的渗透，改变经济结构及经济效益。在增殖性方面，信息技术能够提高工业产品的功能及附加值。在控制性方面，信息技术能够对信息流进行控制，保证产业体系能够持续、稳定地发展。从工业化运行的整体角度而言，信息技术本身的特性决定着它能够为工业化发展提供有力的技术支持。

第一，信息技术为加速工业新产品的研发提供技术条件。通过在计算机辅助设备和在虚拟试验室进行模拟试验等，信息技术缩短了新技术、新产品、新工艺的研发时间，并降低研发成本。通过互联网实时地有偿或无偿提供给用户，为加速新技术、新产品、新工艺的研发以及更广泛的推广和使用提供有力条件[8]。

第二，信息技术为产业实现跨国界交流及高质量的教育提供保障和便利。现代工业化发展越来越离不开跨学科、跨行业、跨地区、跨国家的广泛合作。信息技术能提供此便利，通过运用虚拟的地域空间（互联网）实现科技信息的实时传递与交流，以实现跨时空的科技合作。此外，现代工业化的高速发展更离不开具有高素质的智力型人才支撑，信息技术以图像和声音并茂的远程距离及模拟操作等教育方式，改变了传统的教育培训模式，为提高教育质量提供技术支撑与保障。

第三，信息技术是工业化过程中经济管理活动的技术基础。现代工业化的发展离不开信息技术在其微观、宏观领域的广泛应用。信息技术的发展，特别是互联网技术发展的逐渐成熟，将市场强制性地扩展到全球范围，改变了工业化内部微观主体企业的资源配置效率。信息技术在管理、监控、服务、销售、价值实现的过程中有效地提供了技术条件，并给企业带来较高的工作效益。此外，信息技术亦是工业化宏观主体——国家和政府发展所必须掌握、运用的基础技术。信息技术的发展和运用必将大大提高工业化宏观和微观主体的管理能力，促进工业化持续、稳定、快速的发展。

（2）优化了工业化的产业结构。信息技术对世界工业化进程中的产业结构有巨大影响。世界产业结构也在进行新一轮大规模的调整。以信息技术为核心的新技术，将引领世界产业结构向知识密集、服务密集的方向升级。信息技术对自身产业、对工业化体系中制造业和服务业内部结构及三次产业的构成都有重要影响，这主要表现在以下几个方面：

第一，信息技术产业的迅猛发展。信息技术产业是自信息技术革命以来发展最为快速的产业，其主要包括计算机、通讯服务、网络、电子商务等。这些新兴产业能够渗透到国民经济中的其他领域，且不断向外延伸，分化，形成了现代意义上的 IT 产业群。信息产业已具备对传统产业生产进行技术改造的能力，把其产业发展的市场空间逐步拓展，进而提高其内部产品的关联与需求能力。信息技术产业的网络基础设施能大力促进信息服务及其应用。在工业化发达国家，信息产业的发展势头更为迅猛，且在逐步取代一些资源型传统产业的地位，在生物工程、光纤通信、新材料工业、卫星通信、航天技术等领域已为社会的领头产业。

第二，信息技术对工业化体系中制造与服务产业内部结构的改造与融合。信息技术利用前沿的计算机技术使制造产业逐步智能化，使服务业逐步信息化。从制造产业内部来看，智能化的生产不仅能改造传统的产业技术及设备，而且能实现创造性、高附加值的先进制造产业，进而引发了制造业内部结构的改变。使制造业集群中制造与服务的边界逐渐模糊。把传统的制造业生产方式、经验方式进行改革，实现制造业与服务业内部管理组织机构的变革，即从金字塔型向扁平、虚拟的网络结构转变。信息技术在制造业中分离出众多非核心业务，利用服务外包满足制造业内部的中间需求，并把这些分离出来的服务行业扩展为知识密集、信息密集型的生产者服务业。传统服务业中运输业主要是运输货物并实现产品的空间位置转移，当其与信息技术结合后就产生现代意义上的物流业。现代意义上的物流业，其最重要的功能是替代其他产业与企业供应与销售的配售功能，而且是快速准确的参与供应链管理等等。信息技术更多地促使制造业的专业化分工变细，而制造与服务业的产业组织形态也在其影响下以企业网络、战略联盟虚拟研发等形式出现，在制造业及服务业内部实现了相关产业的融合。

第三，信息技术促进工业化内部三次产业结构的优化升级。信息技术的变革是世界产业结构合理化和高级化发展的根本动力。信息技术不仅能提高传统工业化内的产业技术水平，也能加快对传统产业的改造及升级。信息技术将世界经济发展模式从单纯的以物质生产为主转变为以信息生产、服务为主。以信息技术为主导的全球新兴产业成为全球工业化发展的制高点，提升了全球工业化的产业结构水平。对产业结构的影响主要表现在：一方面能够促发三次产业劳动生产率的提高。另一方面能够引发产业内部分工结构的变化，促进知识密集型产业的发展。从 20 世纪 50 年代起，西方一些发达国家的第一产业、第二产业在国民经济的比重逐渐降低，而第三产业的比重逐渐上升并成为主导产业。从具体的国别来看，以美国、英国、法国为首的发达资本主义国家的服务业的比重在 65% 以上，高于全球平均水平，而日本、德国以及新兴工业化国家的服务业增长速率基本上与世界产业结构的平均水平相当。从世界产业结构整体演进的趋势来看，都说明现代服务业成为全球产业结构的主体。实际上，世界工业化的发展趋势已进入到以服务与制造融合为主的高级工业化阶段。

（3）推动工业化内部产业价值链模块化。信息技术不仅为工业发展提供强大引擎，促发了新型产业的发展。其应用也贯穿了整个工业化内部产业价值链中，且推动了全球产业价值链分工体系的形成。信息技术革命使跨国公司在全球范围内布局其生产经营活动。把其产业的不同价值环节在全球范围内展开，进而消除跨国生产布局的制度性障碍，使跨境投资、生产自由化。此外，信息技术革命也推动了产业的模块化及生产网络的模块化发展。通过渗透传统产业，提高其劳动生产率，形成制造与服务等生产环节的模块化分工，实行产业的模块纵向分离，提高产业内部的效率。而企业通过模块分工专注于具有核心优势价值环节，外包或转移自身不具优势的环节到制造成本相对低廉的发展中国家，形成布局全球的产业价值链。

3.1.2 知识创新与模块化分工

信息技术促使世界工业化逐步走向信息化，知识经济的创新模式又是信息技术时代发展的产物。信息技术在接受、传递知识的方式中摈弃以往的传授知识的方式，加速了知识的折旧速度，在对知识进行获取、甄别、加工、传导、贮存、删除及使用的基础上，实现生产、分配、交换与消费流程中商品生产与知识的结合，使全球经济走向数字化、网络化、知识化。

在信息技术背景下，很多经济学家已开始对经济增长理论重新审视，把知识、人力资本作为内生的技术进步要素纳入到新经济增长理论中。阿罗（1962）用知识积累的内生理论解释技术进步对经济增长的效应。他认为，知识的获得、积累、创新都是学习、积累经验的过程。以保罗·罗默为代表的美国经济学家认为经济学的发展方向进入了高速发展的时期，必须把技术带来的进步因素移植到传统经济增长理论中。罗默（1986）在阿罗

(1962) 的“干中学”的基础上，提出所谓的知识创新及溢出的增长模型。其认为传统经济增长所出现的收益报酬递减的状况在信息技术革命之后将不再重现。因为信息技术的投资价值更高，信息、知识溢出的外部效应更大，所带来的交易成本也更低。这样的良性循环可以长期稳定地提高经济增长。罗默的知识创新与技术进步的理论的主旨为：技术进步能够推动经济发展，而知识、信息的传播及创新又是经济增长的关键因素。这种思想及新古典的分析框架陆续被众多学者接受，也激发了学术界对经济增长可持续发展的研究兴趣与热情。美国经济学家卡尔·费拉保罗(1995) 提出了知识规模报酬递增的论断，他认为在知识、信息经济作用下，全球各大区域经济地带能够共享信息、知识资源和共同开发高科技产业，他通过对美国进行实证研究，发现制造业占国民经济的含量，从 20 世纪 70 年代的 30% ~50%，降到了 20%左右。从他测算的美国 1995 年的无形资产的比例已达到 50% ~60%这个数据来看，信息咨询等相关的知识密集型服务行业在美国经济部门中已占有越来越重要的地位。从对以上经济增长理论的回顾中可知，工业化进程中知识同样可以作为生产要素，加速经济的增长。实质上，知识创新加速了现代工业化产业体系的发展，不仅仅是在微观技术层面上的创新，还包括在企业、产业组织制度创新、市场创新、管理创新等等，形成了一系列由知识带动的创新机制及创新优势。

根据新兴古典经济理论，分工是促使交易成本变低的过程。古典经济学之父亚当·斯密在其著作《国富论》中用制造铁针的例子来描述分工的内涵，把分工看成是熟练程度带来的更高价值。马歇尔 (1997) 认为分工能够实现工厂内部各项工作诸如专门机械的使用、采购与销售，促进产业的发展。马克思也曾把分工分为人之间、人与机器及机器与机器的分工。但经济学意义上的分工更注重的是专业化生产，以此来节省工人的学习时间和提高工人的用工熟练度，使专业操作变得更为简单，促进技术的更新与发明。分工经济能够带来规模效应，而模块化能带来知识报酬的递增，实现范围经济。因而，模块化本质上也是一种分工形式，是一种非线性的分工，是广泛的产业与产品在功能上的分工。但模块化却比一般的分工更为复杂，需要有高效率的制度、创新的知识及信息技术等“硬件设备”来保证模块系统的运作。模块化重在知识标准与共享，以此突破对知识的不断创新。具体来看，模块化把系统的知识分割成独立的模块知识，而不同模块在遵循一定的前提与规则下，形成独立的知识分工。各个独立的模块能从根本上改变传统工序的创新方式，从而提高知识创新的速度和知识集成的效率。因而，模块化作为信息时代的新的分工方式，是基于知识的创新与分工。在模块化分工与知识、信息经济时代，工业化的分工方式从传统分工向具有专业性质的模块化分工转变，而这源于信息技术与传统领域结合。

在信息技术革命的背景下，新技术的研发促使产业链条上的企业之间的关系发生重大变化。现代产业链的发展，更多地融入了知识、信息的因素。产业链条在企业大规模生产模式的间接影响下，由以往线性分工逐渐转变为在知识创新方式上的模块化、网络型式的分工。产业链条的模块式分工等于把一条完整的线性产业链打碎，由不同模块功能的链环组合，使产业链变得更富有弹性，可以自由地延伸与整合（见图3－1）。

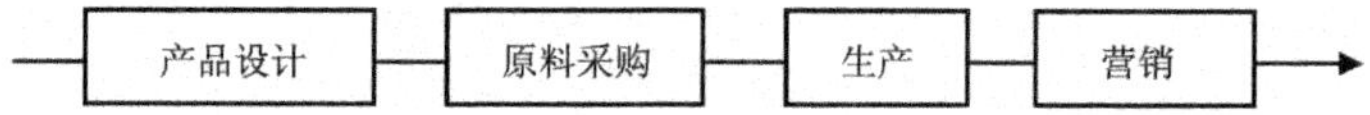

图3－1 产业链的模块化分工

资料来源：笔者绘制。

因而，产业链中各个链环所创造的价值都将进行再次衡量及评测，没有效率的链环将被替换，效率高的链环会不断延伸，增加新的模块链环进入，不断适应市场的变化，使得整个的产业链都将处于动态变化之中。若一条产业链中增加了其他产业链的模块链环，将使得这个产业链的一个链环出现“双环”甚至“多环”共存互相缠绕的现象，这就是产业链的网络型分工（见图3－2）。

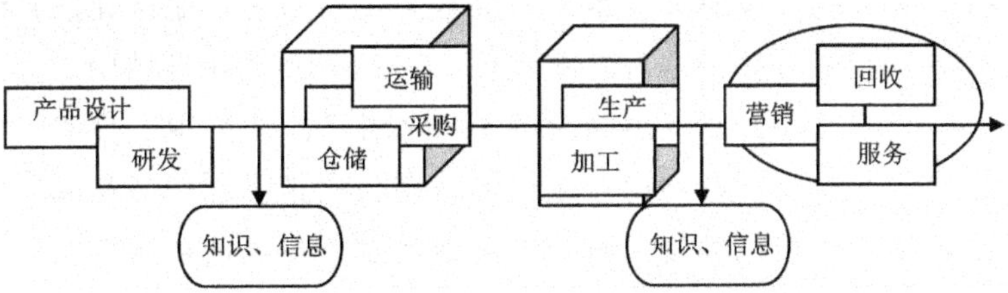

图3－2 产业链的网络型分工

资料来源：笔者绘制。

马歇尔（1890）对分工体系的研究思路比较适合于对产业链演变过程的诠释。他认为不论是社会的有机体还是自然的有机体的发展，一方面使它的各部分之间的机能的再分部分增加，另一方面使各部分之间的关系更为密切，马歇尔将这种机能再分，称为“微分法”。马歇尔将工业有机体的各部分之间的关系的密切性和稳固性的增加称为“积分法”[⑨]。专业的分工使得产业链环节不断扩展，使产业链上的各个企业之间的关系也变得日益复杂，而分工的深化又必将带动产业结构及产业链形态的转变。传统的产业链在企业内部的分工，链条小而且短，而现代的产业链不断延伸，甚至跨越国界，在各个区域之间形成“片段化”（fragment）分工[⑩]。Arndt 与 Kierzkowski[⑪]把生产过程的这种分割现象视为片段化。

3.1.3 制造业服务化发展的新趋势

随着工业化进程的推进，制造业发展的外部环境、内部结构发生了剧烈的改变。高附加的技术用于制造业生产过程的研发、设计、制造环节、检验过程、营销服务、回收等之中。技术引领的虚拟制造、敏捷制造、精细生产等制造模式，反映出新时代制造模式的一个关键的特征，即：为满足顾客多样化需求，以提高产品的竞争能力及服务于市场、顾客为主要目标。服务化的趋势在制造业发展过程中占有主导地位，在汽车制造业领域中，金融服务的利润几乎占有了总利润的80%以上[12]。在美国、日本、欧盟等发达国家，从事制造业生产的跨国公司把主营业务从制造向服务转变，根据德勤公司对全球制造业进行研究的调研数据，服务收入相当于整个销售收入的25%，其中19%的制造业公司的服务收入将超过总收入的50%。从20世纪80年代开始，电子制造行业开始实现从产品制造到咨询服务转型。比如IBM公司把公司的软件与硬件的制造业务从90%降到50%，其中转向服务的业务已超过50%[13]。综合来看，世界制造业服务化发展趋势的特征主要体现在：

（1）制造业的服务化是在信息网络平台基础上的服务化。在信息技术革命的影响下，世界制造业主要运用知识、信息等新兴生产要素投入生产。数字革命与网络技术能提高制造业的生产效率，进而降低制造企业及生产过程的交易成本，企业的规模组织越来越多样化，制造业的发展也从产品模块化生产、技术模块化向制造产业模块化方向演进。而信息化及自动化的生产流程成为制造企业之间追赶利润、不断加快竞争的关键。

（2）制造业的服务化是趋向于柔性的服务化。随着制造业发展的逐步成熟，处于价值链末端的服务环节，与资源优势、技术优势、渠道优势和品牌优势一起成为制造业发展的主要因素。与一些专门的服务业（旅游，金融等）不同，制造企业提供的对象是对产品追加的服务。制造业服务化趋向于柔性服务化，体现了对服务的追求。在制造业内部，通过集中整合自有资源，把产品研发及生产过程进行统筹安排，在生产组织方法、控制手段上实现柔性、虚拟的战略调控，来增加产品的柔韧性并提高开发市场的灵活性，以此满足市场的不同需求。

（3）制造业的服务化是基于服务系统及制造业内部结构发生改变的服务化。制造业服务化趋势主要产生于现代制造产品的服务系统转变及制造业内部结构的演变。制造业只有在价值层面上才能体现其产品的竞争优势，而这种优势就源于服务。很多现代大型制造企业从以单纯以制造为中心转向以服务为中心，形成了制造与服务相融合的服务型制造模式。这种生产模式或在生产流程中提供服务，或通过专业的服务性企业为其外包，把服务、信息与知识创新等贯穿于产品的生命周期之中。这种模式采取分散化的网络制造，满足顾客的个性化需求，具有整合、增值、创新三大属性。整合是指制造企业之间的相互服务、外包，使制造网络节点的企业内部资源转向具有核心的竞争优势，且知识、信息资源能在网络间实现最优的动态分配；增值是服务型制造模式中的服务属性，制造企业能把重心移向顾客需求，增加产品的附加值；创新在于对制造企业内外部知识、信息资源的整合，在服务制造网络间分布知识资源，以应对需求冲击，实现整体网络的创新。作为一种新的制造模式，它立足于产品服务系统，延伸企业价值链，关注顾客价值。在制造企业生产组织方式上，服务型制造更注重企业之间的分工与协作，利用外包实现服务工业化方式，使用各种柔性、敏捷制造及 ERP 信息管理系统等。而制造与服务通过开发标准化的接口，按照不同客户的需求定制、开发模块，实现即插即用的功能。故服务型的制造模式强调满足顾客个性化需求、分散网络化制造，来确定大规模定制化生产的解耦点。

3.1.4 制造与服务的融合趋势

在信息技术革命背景下，制造业服务化的趋势使产业之间的融合更为迅速。信息技术本身具有较高渗透性，能使产业之间的界限逐渐模糊，且使产业出现融合化的趋势。这实质上是工业化发展过程中产业生产方式不断“软化”的过程。工业化的主体内容是产业体系的发展，这使资源在产业之间实现优化配置，摈弃了物质资本支持，进而转向现代的科技支撑体系。当制造业的技术发展逐渐提高，产业链模块分工在附加值上的分布由低附加值高的价值模块向附加值高的价值模块进行转移，而后者主要是服务模块，比如研发、售后维修等制造服务的环节。制造服务业也日趋全球化。例如，在全球的汽车行业中，制造模块创造的利润只占有40%左右的份额，剩下的近60%都由服务模块创造的贡献[14]。

随着工业化进程的加速，制造与服务的融合趋势[15]也在迅速加快。产业融合发展提升了产业链的竞争力，把各个产业协同起来。从其原动力的角度来看，产业融合发展将能在制造业内部专业化分工不断深化的基础上实现范围经济，重构制造业的产业链。当今的产业融合更多地体现制造与服务功能上融合的趋势，即服务活动不断向制造领域内延伸，并移植到制造业的领域中，这种现象是在现代工业化内部产业发展的一种新特征，体现了制造与现代服务产业融合发展的势头。

在产业层面，制造与服务的融合体现的是制造业与现代服务业之间的融合，两者融合的过程也是服务业向制造业渗透的过程。主要表现在微观层面的企业的内部融合。制造企业把内部的领域扩展到服务领域，把内部的活动从以制造为中心转到以服务为中心。国际上很多知名的公司比如美国的通用电气公司，逐渐从制造转向服务。根据有关数据，现代服务业产值达到 2/3 以上。其中金融类利润总额占企业总利润 89%[16]。在中国，包括海尔集团、联想集团在内的某些高科技企业也顺应产业融合的趋势。Quinn（1998）认为企业内制造与服务的活动相互依赖、相互影响。因服务活动能拓宽制造企业的市场，服务技术与制造的融合能有效地满足消费者日益增长的消费需求；服务活动能指导制造，并在把最新市场信息反馈给生产系统的基础上降低生产成本。同时，企业的制造功能也逐渐强大，实现向服务功能的转换。因而，两者的融合能有效地提升企业竞争力。制造企业可将服务纳入到活动中，同样，也可使外部服务企业中获益。除在制造企业内部进行与服务的融合发展外，制造业与现代服务业的融合更多的体现在中观领域内产业链上。在生产、采购、研发等环节中，产业链中的服务环节将对整个链条的综合竞争力有较大影响，即制造业的产业链中的价值增值环节多半是由服务做出的贡献。而服务链环将融入在制造业的产业链的每个环节，提高了整个产业链的效率。最后，是在集群层面的融合。制造业产业集群的发展，离不开服务活动的支持。一些具有制造业集群的地区，将吸引更多包括金融、保险、物流、培训在内的具有生产者服务的集群支持体系，分布在制造业集群周围。这些服务加快了制造产业集群的发展，实现区域产业集群的高效运作。在美国等发达国家，很多大型的集群地域是由制造与生产者服务企业共同发展的，进而在集群内部实现范围经济及模块分工。在中国诸如珠三角、长三角等发达地区，也都呈现制造与服务融合集聚的现象。在浙江温州内部多个中小企业集群中，生产主要以皮鞋、服装等产品为主，且有众多的生产性服务企业为集群承担部分专业化分工，并降低集聚体系的生产成本。

制造与服务的融合趋势使生产者服务这个独立的产业从生产系统中逐渐脱离，从先前的“润滑剂”功效转变为推动制造的“助推器”，如表 3－1 所示。

表 3－1　　生产者服务在制造系统中的角色演变

Ⅰ(20 世纪 50～70 年代) 管理效应(“润滑”效果)	Ⅱ(20 世纪 70～90 年代) 促进效应(效果)	Ⅲ(20 世纪 90 年代至今) 战略效应(“推进器”效果)
财务管理	信息管理咨询	信息科技
总量控制	市场影响咨询	创新设计
存货管理	咨询工程	科技合作
证券交易	商业银行	全球金融中介
	房地产	国际性大项目融资

资料来源：Hutton，T. A.，“Service industries，globalization，& urban restructuring within the Asia－Pacific：new development trajectories & planning responses”，progress in planning，Vol. 61，2004，p. 13.

基于上述分析，可得结论：信息技术和知识经济催生出的新兴产业革命，提升了工业生产的全要素劳动生产率，使得在制造系统内部的模块分工逐渐扩展到产业链层面，并带动制造业逐步走向“服务化”，这种演进趋势较为吻合美国经济学家贝尔在 20 世纪 70 年代的预言。他认为后工业社会将是信息、服务经济将完全取代工业经济的社会；专业和科技人员将取代企业主居于社会职业的主导地位；理论知识是中轴定理的中心，推动社会变革的源泉；新智能技术决定未来的制定政策[17]。从现实全球性经济传导来看，以知识为主导的新经济提前临至，已不能把工业社会和信息社会完全分割，经济系统运行的复杂性使工业化的发达阶段和信息时代紧密融合。对于已经步入信息化社会的“后工业化”国家而言，工业经济仍是社会经济中的重要部门，正如工业化的发展并没有使工业经济完全取代农业生产一样，服务化也不能完全取代工业社会的大生产方式。现代经济实体的服务化趋势比重在不断扩大，但还未完全脱离工业生产过程。工业经济在现代社会中的地位仍不可动摇，亦是服务经济全面展开的基础。故在新产业革命引领的潮流中，这些“后工业化”的发达国家还处在从一种工业社会向另一种不同性质的工业社会演进过程中。倘若视前几次工业革命的生产方式具有典型的生产性，那么这一次以信息技术、知识经济为主导的新兴产业革命的工业化生产方式，将使世界工业化的发展史进入到由单纯的以制造为主的经济形态转变到以服务和制造经济形态相融合的时期。

3.2 服务型工业化的界定

3.2.1 工业化形态转型时代背景的理论层面分析

随着新技术革命和新产业革命的发展，制造业内部的模块分工逐渐细化，出现了服务化的趋势，而制造业的服务化趋势又将影响着整个产业体系制造与服务的边界，进而在产业结构上表现出服务业的比重逐渐加大。从整个的新时代背景来看，技术进步首先是推动工业化前进的主要动力。知识、信息作为新经济增长的内生要素，成为工业化的内生性生产投入要素，对物质生产领域进行了全面的渗透与改造。因而，本书首先对制造业服务化的趋势及制造与服务融合的态势进行理论剖析，以此解释出现这样趋势的原因，这也是为本书提出服务型工业化这一命题做充分的理论基础与准备。

对于当今制造业为何出现服务化趋势，需从制造业本身涉及的内部及外部服务活动分工这两个角度来进行分析。在解释制造业内部及外部分工问题上，可借鉴分工与专业化理论。古典经济学家斯密认为企业之间和产业内的分工发展的重要原因是市场区域的扩大，分工与经济进步的作用是交互的，分工能促进生产效率的提高，进一步扩大专业化生产。Young（1928）在充分继承斯密观点的基础上，他创造性地提出迂回式生产（roundabout production）这一新生产方式，其本质是把生产分工环节不断细化、使中间产品趋于复杂化。斯密及 Young 的分工理论实质上讲述的是内涵式分工的原理。在当今制造企业内部，随着技术的不断提高，制造业的形态不断演进的过程中，制造企业“迂回式”生产方式进一步的扩展，提高并加深了制造企业内部专业分工的程度。服务活动的专业化成为制造企业的中间需求。在专业化分工的过程中，专业提供服务活动的企业在提高了其专业化的效率同时，又将促进制造企业内部增加更多地对中间服务的需求，进一步扩大了对服务活动的分工发展。制造企业内部中间服务需求的增长过程将与外部服务活动的分工之间是相互作用的。由此体现了制造业内部的结构变化的实质是制造业的内涵式分工的结果。

此外，以杨小凯、黄有光（1994）为首的新兴古典政治经济学家也对分工及专业化问题进行了研究。他们认为分工可以获得更多的专业化经济，在交易效率提高的基础上，通过选择较高水平的横向或纵向分工，产生新的中间产品。新技术和新产业的出现将与工业化的生产过程紧密相连。杨小凯及黄有光的分工理论提出了交易效率与专业化程度对分工的影响程度。现实中制造业内部受到了在服务活动专业化效率的制约，当制造企业内部的规模不断地扩张，对服务活动的专业化程度的要求越来越高，而制造企业内部不能实现服务活动的效率保障时，制造企业将到外部去获得专业的服务活动。即当交易效率提高，交易成本也逐渐降低，制造企业处于“经济人”的理性角度，必将选择把服务分工逐渐外部化。随着制造企业专业化的程度加深，对所需要的服务活动的需求也越来越多样化，制造企业因为成本或交易效率递增不能使企业内部的服务化程度扩展，只能借助于外部提供服务活动，出现了服务外包等新的企业组织结构形态。因而，制造业服务化本身就是制造业内部分工深化的结果。从交易费用的角度来看，服务活动的外包把制造企业内部的分工转移到更为经济的外部供给，成为社会化的劳动分工。由制造企业内部的简单的生产与服务的分工结构转变为由社会化的分工，服务外包使得更多的服务活动出现增长，生产者服务业比重的上升有效地解释了交易效率与分工之间的紧密联系。

运用分工理论对制造业服务化的机理分析能巧妙地解释服务因素在工业化范畴中内的特殊属性。在工业化过程中，尤其到了后期阶段，随着分工的深化和产业链的延长，产业内部制造业会增加对服务的需求，而制造业本身的供给渐低于服务业投入的增长速度，制造业内部的分工变迁在生产方式和产业组织变革的影响下就表现的尤为突出。制造业生产内部分化出生产者服务业这具有明显的生产中间服务特征的现代产业，成为推动工业化迅速发展的首要推动力。产业内部所进行的分工深化、拓展的结果，则直接导致现代服务业的比重不断提升，促进了制造业内部生产效率的提高。Eswaran（2000）也极为赞同服务业在工业化过程中扮演重要的角色，劳动分工和专业化来降低工业部门的生产成本，来促进工业化的进程。由产业内部的分工产生的现代服务业的发展，通过其外溢效应使其制造业内部生产的服务环节专业化，并为制造业发展创造内生比较优势，提高工业化内部制造业的生产效率。工业体系的分工深化和拓展所导致的中间需求变化是促进服务活动迅速发展的重要原因。Shelp（1984）和Riddle（1986）认为产业生产的中间需求是推动服务经济发展的根本因素，这些中间服务包括：直接作为工业企业的中间投入、作为商品交换过程中的流通和金融服务、与新生产结构相适应的人力资本的形成所需要的服务、对整个生产体系进行空间上协调和规制所需要的服务。

工业化是一个国家经济增长、社会发展的主题内容，亦是所有国家从落后的农业国向发达的工业国转变的必经阶段。世界工业化的一般性规律将突出产业发展在经济总量演进过程中体现的共性——服务型趋势。发达国家在20世纪六七十年代曾有过“去工业化”[18]（deindustrialization）的浪潮涌现，工业化的中心从发达国家转向发展中国家，制造业的地理区位在全球空间分布向南半球偏移。Sainsbury（2007）用20世纪80年代英国的数据说明，当时来自发展中国家制造业的输出低于1/10，而现今基本上已达到1/3，并预测在未来20年将可能跨越到50%左右。但我们从当时美国制造业占其经济总量中的比重为15%，却占全球制造业份额高达25%的数据中能够挖掘其深层次原因，这种“去工业化”的趋势貌似在发达国家较为明显，实质上只是产业向发展中国家进行转移的表象，是工业控制权利的集中体现。发达国家在实施产业链优化治理中，仅保留其高端价值环节，把加工、组合、生产等低端利润的劳动密集型工序布局在占有资源和劳动优势的发展中国家。而导致这种“去工业化”现象的根本性因素是全球制造业服务化趋势的显著递增及生产者服务业的飞速发展。黄少军（2000）用1995年114个国家的数据进行分析，表明不同国家的工业化阶段以及部分发达国家的经济结构已经开始出现从制造经济向服务经济阶段的过渡和发展。Andy Neely（2007）也收集了25个不同国家（地区）10078个制造企业的有关数据，设立相应的指标对制造业服务化的程度和区域进行经验实证，发现以美国为首的发达国家制造业的服务化程度很高，发展中国家却很低，如图3-3所示。

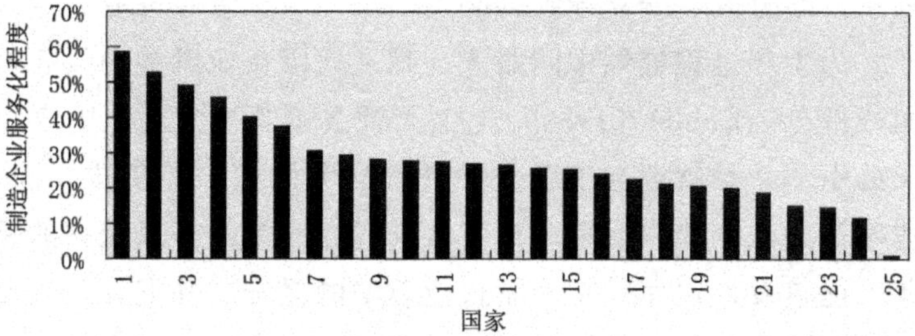

1美国 2芬兰 3新加坡 4马来西亚 5荷兰 6比利时 7挪威 8德国
9百慕大 10瑞士 11瑞典 12中国台湾 13开曼群岛 14西班牙 15大不列颠 16希腊
17澳大利亚 18捷克共和国 19丹麦 20泰国 21法国 22印度尼西亚 23奥地利 24韩国
25中国

图3-3 不同国家（地区）制造业服务化程度的比较

资料来源：Andy Neely, The servitization of manufacturing: an anlsysis of global trends; be presented at the 14th European Operations Management Association Conference.

Vandermerwe与Rada（1988）认为现代意义上的制造企业正在提供全套的服务市场包，以顾客为中心建立产品的提供服务、供给、自我服务及知识等捆绑式联系。服务成为世界制造企业发展的首要方向，这种趋势显示出工业内部行业的服务化。Desmet（2003）等人对德国和比利时两国的制造业结构中主管人员的管理方式进行调查，得出超过90%的制造业企业都相信服务的发展对于企业整体的竞争优势起着关键性维护和改善的结论。这意味着当前竞争激烈的市场制造业企业需要服务因素使其获得良好的竞争优势，服务业已经成为全球经济的战略部门。Baines (2007) 认为当今技术的发展，特别是数据的俘获及信息的采集都能促发制造业企业发展新的服务模型，探索信息型产品的发展潜力。进而契合了 Vandermerwe and Rada 曾提出制造业服务化的观点。此外，生产者服务业成为工业化中后期制造业内部中间需求行业，发展也极为迅猛。作为产业资本的各个形态在资本运动过程中不断分离、分立导致的必然结果，生产者服务业直接面向生产，为生产过程提供中间服务，是现代服务业发展的核心与重要组成部分。Riddle（1986）把生产者服务业视为发达国家经济增长的引擎，是就业与工业发展的源泉和动力。经济史学家 A. 麦迪森认为工业化中后期生产者服务业已成为经济系统中的领军产业，能自发性促使并带动制造业效率的提升，并把处于工业化后期这种特有的经济现象称之为“服务业—工业化”[19]（service - industrialization）。笔者认为制造业的服务化趋势和生产者服务发展都是工业化高度发达阶段所具有的一定程度上服务性和咨询性的表现，它标志着人类社会发展史进入服务型—工业化时期。这个特殊时期最具标志性的主导产业并非仅是经济学家霍夫曼曾预示的重工业，而是制造业及推动其内部效率提升的生产者服务业。

制造业服务化的过程也是制造与服务融合趋势的体现。作为产业演进中的一个重要的裂变过程，制造与服务融合对产业的技术创新和工业化的发展也产生巨大影响。20 世纪 70 年代之后的信息技术作为产业融合的主导性激活因素，新兴产业革命的扩散，使服务业内部、整个产业体系及工业化模式面临重大变革。信息技术在知识和人力资本主导下使生产方式和产业组织实现创新，产业边界逐渐模糊，并进一步深化产业分工和经济服务化的进程。产业融合理论早期研究者，大部分都是从事的是产业演化研究。Sahal（1985）认为技术融合是产业融合的前提，技术融合能带来产业发展，实现创新活动在产业中的广泛扩散。Gaines（1998）揭示信息技术融合会存在替代和不断学习的经济效应，数字技术成为产业融合的首要驱动力量。数字技术协同通用技术使本无关联的企业之间有了互相合作与排斥的竞合关系。Stieglitz（2002）曾把产业融合分为技术替代性、技术互补性，产品替代性、产品互补性融合四种类型，构造出产业融合与产业演化的动态模型，他认为，产业融合把产业边界上独立存在的产业融合成新兴产业形态，成为经济增长的动力源泉。日本经济学家植草益认为不仅信息通信业，在金融、运输等服务业产业融合也在加快步伐。与此同时，制造业产业融合也将得到进一步发展。

产业融合理论的研究视野从最初的研究技术融合拓展到对产业内部融合的分析。无疑证实制造与服务在产业层面融合的实质：在信息技术力量的作用下，产业内部的价值链进行了解体，形成相互交织的混合的价值链网，并重新组合成新的价值链。产业融合的过程能够充分解释工业化演进中的产业形态变革的趋势。从产业内部来看，服务业中的信息通讯业的融合促使现代服务业与制造业的内部价值链呈现混沌状态，现代服务业向制造业渗透，两者融合之后使制造业的服务功能越发突出，而现代服务业的生产方式和产品具有制造业的标准化特征。融合促使现代服务业等新生产业即作为制造业内部分工的产物，又起着引导、协调并促进制造业发展的双重功效。工业化本身的性质在产业分工与融合的演变模式中，出现了一致性的特征，即由现代服务业驱动了工业化的快速发展。体现出信息技术革命之后因分工深化而产生的由现代服务业带动制造业并融合发展的高度发达的工业化特征。

3.2.2 服务型工业化命题的提出

在经济全球化影响下，世界各国经济贸易关系日趋紧密，发达国家与发展中国家都成为世界工业化发展的共同体，有条不紊地进行社会化大生产。与前三次产业革命相异的是：这一阶段的社会化大生产是建立在新的模块化分工及信息服务的网络平台基础之上，并面向顾客需求实行具有服务性质的先进工业化生产方式。鲁道夫·吕贝尔（1983）曾用研究世界工业化史的视角把由第一次工业革命引发的工业化定义为“一种以机器生产取代手工操作起源的现代工业发展过程”[20]。笔者借鉴鲁道夫·吕贝尔对工业化经典概念的诠释，从人类社会经济发展的历史演进史观，把在工业化高度发达阶段出现的新类型的工业化形态其模式定性为服务型，是“一种基于信息科技、知识网络平台的大规模定制生产方式取代旧式机器大工业生产的当代产业（制造业与服务业融合）发展过程”。这种现代工业化模式无论在产业发展特征还是社会化大生产方式上都具有为工业化过程“服务”[21]的特性，体现出制造与服务不断融合的趋势。还有必要强调指出，所谓服务型工业化中的“服务”，并非指某种具体的服务行业，而是指服务活动，包括制造业内部的服务、中间服务、外包服务等。其产业形态的表现，就是制造业的服务化倾向以及制造业与服务业的融合发展趋势。

随着信息、科技产业的发展，消费者的需求发生巨大改变。在传统的工业经济时代，消费者是被动的接受者，对产品的制造过程并不熟悉，只是被动地接受产品。而制造企业也把产品的质量及价格放在首位。现代的工业化生产方式则取决于以消费者的需要及价值追求。现代的新经济改变了人类的生产及生活方式，而人类经济收入水平的提高，又影响着消费者的选择。随着人类的个体差异多变，人类的消费需求及结构也渐渐多样化。

在现代的工业时代，服务化的趋势越发明显，消费者对需求的转变主要基于对消费欲望及购买能力的要求。在信息革命影响巨大的当今，这呈现出以下几种新的特征：首先，在产品提供方面需要具备更多的知识性与多元性。从知识经济对人类的生存及生活方式的改变来看，消费者对产品的需求更加需要知识化与智能化。而产品的生产也要融入更多的知识与信息技术元素。消费者对产品的追求体现了消费者的心理需求即产品要能够以多元化的方式来满足消费者多元化的追求。其次，产品的提供也逐步向个性化方向发展。消费者的需求产品的差异性使得制造企业对产品的质量要求越来越高。现代工业化产品的提供方式，更多地需要从产品的单纯生产转向服务模式。制造企业在提供功能齐全、性能优良的产品同时，也需要提供相应的服务以谋求在市场上的竞争优势，满足消费者的需要，为消费者创造更多的价值效用。

在新技术产业革命时期，工业化范畴所涉及重要变革，可具体细化到制造企业及其生产方式。现代制造企业生产方式的变革历程与工业化的发展、市场化程度的培育以及科技的革新密切相关（见表 3 – 2）。

表 3 – 2　　世界工业化生产方式的演进概况

发展阶段	经济形态	生产要素	生产方式	主要特征	市场条件
前工业化时期	农业经济	土地、劳动	以原始小生产方式、手工作坊为主	简单物品交换和储存	难以满足市场需求
工业化前期	农业经济到工业经济过渡期	劳动、资本、技术	外延式的、单件小批量生产	对产品和生产者简单管理、物质生产	小批量的市场需求

续表

发展阶段	经济形态	生产要素	生产方式	主要特征	市场条件
工业化发展期	工业经济	劳动、大量资本投入、技术	福特式大批量生产、粗放型制造	注重提高产品质量及对生产者进行集中管理；规模经济	快速增长的单一市场需求
工业化高度发达时期（工业化后期至后工业化发展期）	工业经济到服务经济过渡期	劳动、资本、知识、技术、网络、信息	集约型生产、模块化网络生产体系、大规模定制、先进制造模式以服务型为主	大规模定制的前提是制造与服务的模块化；体现知识报酬的递增；能源有效利用	个性化生产以满足客户需求
后工业化发达期	服务经济	知识、信息、数字、高科技	资源迅速集成、体验型生产	资源最优配置、以服务为主导的休闲经济时代	完全满足客户的需求

资料来源：笔者绘制[22]。

如表 3－2 所示，世界工业化生产方式从以家庭为单位到现代企业共历经三次转变。第一次是从以原始的小农经济为主的手工作坊生产方式过渡到小批量的外延式生产，也是农业经济走向工业经济时期。第二次则在工业革命产生巨大的溢出效应中，形成以福特式大批量为主的生产方式。该生产方式是把流水线的生产应用到 T 型车装配线上，通过自动化的流水线划分为若干装配工序，从而提升单位产品的生产率及降低其成本，实现规模经济的良性循环。第三次转变是在知识经济时代冲击下，工业化从发展阶段过渡到成熟阶段。这一时期，传统的生产方式被有效改写，取而代之的是用数字、知识编码为主要手段的生产要素集合，大规模定制成为企业的主导性生产方式。它是基于顾客的需求和灵活性的市场变化，把产品从标准化（具有标准模块）提升到多样化（对模块进行定制）。这种生产方式能促发市场迅速进入饱和状态，建立数据检索管理和知识识别系统，实现模块化、组合化的产品设计和生产技术。

当人类社会经济形态完全是服务经济时，资源能够完全最优配置，物质生产和非物质生产已能完全满足顾客的任何需求，是一个休闲型的社会。事实上，从现行的发达国家社会与经济发展状况来看，并未像部分学者认为的发达国家已经完全处于高度发达的服务经济时代（后工业化发达期），也并未像新工业主义者的代表人物 Galbraith（1972）所认为的“发达国家现阶段的社会并不是以服务需求增长为动力的‘服务经济’模式，仍然是以物质产品的需求增长为动力的‘工业经济’模式”[23]，而是位于服务业发展比重超出制造业的服务经济社会初期（工业到服务经济的过渡期）。工业化的社会生产方式在这个从制造与服务融合的转型时期，已经凸显现代服务经济发展的后发优势，由于网络平台和信息技术以及社会力量的支撑，服务与制造活动的边界变得逐渐模糊，形成制造与服务融合发展的新模式——服务型制造，成为带动现代制造模式发展的新方向。服务型制造模式是企业内部生产方式中大规模定制下的产物，能有效整合分散化的制造与服务资源，提供产品服务系统，实现企业和顾客联合价值。制造企业不论采取网络化、柔性制造、敏捷制造还是清洁制造等先进制造模式，都将基于网络平台且按照客户对产品的需求进行研发设计，具有定向的服务性特征。服务型制造模式集中其他先进制造模式的优点与职能并把其有机融合，体现出智能化、敏捷性、绿色等特征，有效解决了传统工业化发展过程中的各种困境。从企业生产方式的演变轨迹可以解读，服务型生产已是发达国家在世界工业化高度阶段企业生产方式发展的主流。

产业结构优化是从较低的产业结构逐渐过渡到较高的水准，工业化的一般规律反映了产业演进规律，其实质也是结构不断优化的过程。产业结构优化理论意味产业结构必须走向合理化、高度化，工业化自身的发展过程也是资本密集型和知识密集型产业比重提高的过程。因此，结构优化理论为服务型工业化命题的提出提供了参考思路，与一般意义上的传统工业化模式结构调整有很强的区分度，现代型的工业化更加注重制造业的中间投入在结构中的比例，即信息技术含量高的生产者服务业在经济结构中的比重，能实现结构内部的协调发展。从结构优化的角度来讲，服务型工业化命题将很好地契合结构优化理论的初衷。

从发达国家美国的产业结构发展来看，美国的农业产值一直都是比较低，而制造业及现代服务业是创造产业总产值的核心力量，也是美国在现代工业化道路上的中坚支撑。尤其是在1970年后服务业产值一直呈稳定的大幅上升趋势（见表3－3）。

表3－3　美国现代工业化期间的产业结构变动趋势　单位：亿美元

年份	制造业产值	现代服务业产值	生产者服务业产值	产业总产值
1990	2861	2981	2119.751	6984.823
1991	2815	3021	2044.778	7191.108
1992	2921	3108	1998.663	7641.513
1993	2654	3201	1957.057	7621.41

续表

年份	制造业产值	现代服务业产值	生产者服务业产值	产业总产值
1994	2314	3289	2011.451	9326.204
1995	2066	3296	2050.308	12328.09
1996	1821	3320	2052.688	17652.76
1997	1653	3397	2084.293	23430.33
1998	1642	3401	2074.092	27987.76
1999	1587	3427	2030.182	32126.1
2000	1543	3516.3	1994.774	36826.29
2001	1578	3595.3	1965.803	37652.44
2002	1600	3713	1864.858	38841.59
2003	1613	3779.9	1723.936	39550.03
2004	1615	3902.4	1697.952	40801.82
2005	1642	4003.5	1626.31	41836.99
2006	1692	4122.6	1638.733	43056.01

资料来源：根据《国际统计年鉴》1995～2008 年的美国数据计算所得，中国统计出版社。

从表 3－3 可知，美国生产者服务业产值占产业总产值的比重一直保持在 20% 上下，制造业产值占产业总产值的比重从 1990 年的 40% 左右滑落到 2006 年的 4%，下降的幅度比较大。可以看出，美国在现代工业化期间的支撑产业主要是现代服务业，而现代服务业中具有中间性质、网络效应的生产者服务业在其中贡献最大。美国产业结构的优化体现了制造业向服务业转变的过程，这也是现代工业化发展的必经趋势（见图 3－4）。

人类在漫长的工业化发展中，由英美等发达国家主导的世界

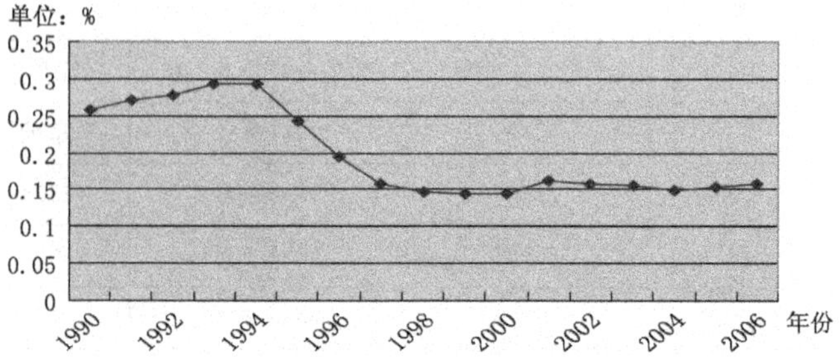

图 3-4 美国生产者服务业产值占产业总产值的比重

资料来源：根据《国际统计年鉴》1995～2008 年的美国数据计算所得，中国统计出版社。

工业化到目前为止共历经了五个周期（见表 3-4）。

表 3-4 世界工业化的演进趋势

世界工业化的阶段	典型特征
18 世纪中期～19 世纪中期：英国工业革命时期	纺织、钢铁、运输、水利及基础设施大力发展
19 世纪中期～19 世纪末：蒸汽机、机械时代	世界工业化从西欧向移民国家扩散
19 世纪末～20 世纪 20 年代：重工业、电气化时代	世界工业化向新兴工业化国家扩散
20 世纪 20 年代～20 世纪 70 年代：石油、汽车大规模生产时代	石油危机对工业化国家产生巨大冲击，世界工业化向广大发展中国家扩散
20 世纪 70 年代至今：信息技术、大规模定制时期	世界工业化向高级方向发展，是现代意义上的工业化时期，并带动全球从制造经济走向服务经济时代

资料来源：[美] 克里斯·弗里曼（Chris Freeman）、弗朗西斯科·卢桑（Francisco Louca）：《光阴似箭——从工业革命到信息革命》，中国人民大学出版社 2007 年版，笔者进行归纳绘制[24]。

世界工业化最早从英国起源，通过工业革命和技术的进步，在世界移民国家、新兴后起工业国家、发展中国家进行工业化的先进方式的传导与扩散，实现了全球经济一体化和自由贸易体系。20 世纪 50 年代至今，随着服务业对制造业的贡献逐渐加大，制造业的发展与其中间投入产业的关系日趋紧密并出现制造业与服务业融合发展的态势，也标志着现代工业化——一个崭新的以服务为主导方式的工业化新形态的形成。从 2007 年全球性金融危机的案例中，可以看到发达国家过度发展虚拟资本市场而忽视实体经济作支撑的悲惨后果。发达国家在制造与服务经济的转型期间以现代服务业这种结构过于软化的产业作为主导产业来发展经济，取消制造业所占的基础地位，试图跨越式地进入高度的服务经济时代，而金融危机的产生却将社会经济的根基严重削弱，使发达国家开始重新审视工业化生产的重要性。不少学者针对这种“制造产业空心化”[25]导致的发达国家产业结构过于“软化”而无法抵御危机的特征事实，提出了“再工业化”[26]的观点。

基于此，本书提出服务型工业化这一命题。其目的：一是对知识主导的新经济冲击下世界工业化呈现的新特征进行挖掘并定性判断。二是建立一个现代工业化的体系框架，为众多正在进行工业化高速发展或预备实现从制造经济向服务经济转变的国家工业化发展提供模式选择。

命题 1：服务型工业化是世界工业化史上生产力及生产关系由低级走向高级状态演进的阶段，体现了现代工业化的特质，实现了由传统的工业生产方式向以服务因素驱动的工业生产方式的转变。

从动态的角度来看，工业化的本质是一个经济与社会体系共同进步的过程。因而，服务型工业化是世界工业化顺利完成并走向服务经济时代的过渡模式。首先，作为人类从工业社会过渡到全面的服务社会阶段，服务型工业化命题的提出遵循着事物发展的客观规律。事实上，服务型工业化已在世界多个发达国家范围内兴起，尤其是已顺利完成传统工业化正在向以服务经济为主导的服务社会转变的发达国家。其次，在众多的发展中国家的发达地区，也实现了工业化的现代转型，从旧式的工业生产方式向现代的适应更多的消费者需求的服务因素驱动型的工业生产方式更替。

命题2：服务型工业化是以知识、智力、信息等高科技的新生产要素协同传统要素投入，突出现代生产的基本理念，为顾客服务、按顾客需求通过定制产品模块进行大规模定制的生产方式。

从比较静态的角度来看，工业化本质是在一个特定发展过程中社会化的生产方式。传统的工业化模式仅以劳动、资本、技术为主要生产要素投入。与传统工业化生产方式不同，服务型工业化生产方式体现几个方面的突变。如表3－5所示。

表3－5　服务型工业化与传统工业化生产方式的比较

	传统工业化生产方式	服务型工业化生产方式
劳动力	具有单一操作技能的劳动者	知识型人才、智力劳动者
生产工具	分工流水线下的自动机械体系	以计算机、网络为核心的自控装置
生产关系	管理者与雇员的生产关系	联盟意识、虚拟的网络型生产关系
生产规模	标准化大批量生产、规模经济	模块化大规模定制、范围经济、报酬递增

续表

	传统工业化生产方式	服务型工业化生产方式
技术创新	有独立的研发部门进行分工设计产品、追求技术应用、创新与生产相分离	应用信息技术，建立客户需求与产品开发、技术开发及制造协同的信息平台和全局共享的、可搜索的、可重用的产品结构信息数据库，创新与生产紧密结合
企业组织结构	实现一体化的原材料供给、生产和销售物流系统	动态联盟、网络化组织结构
产品及生命周期	标准化的产品、周期长	模块化产品定制、周期短

资料来源：笔者绘制。

服务型工业化生产方式与传统型工业化生产方式的差别主要表现在劳动力方面：由过去传统工业化生产方式下的仅仅具备单一操作技能的劳动者转变为新时代下的智力型的劳动者，且随着经济的发展、社会的进步，劳动者的素质也越来越高，具备多方面的知识与信息技能，制造生产领域中的脑力劳动者比例也开始大于体力劳动者。在生产工具方面，传统工业化是流水线下的机械体系的分工，而服务型工业化的生产工具是信息技术与网络的控制设备与装置。在生产关系方面，传统工业化的生产关系是工人与管理者之间的关系，而现代的工业化生产方式中更多的是一种虚拟状态下的网络联盟，体现的是客户、员工、供应商等之间关系的多重性。在生产规模上，传统的工业化生产方式注重的是大批量的生产方式，制造企业追求的是规模经济。而服务型工业化的生产规模是基于模块化基础上的大规模定制，企业更多地以实现范围经济为主要驱动目标，实现经济效益的报酬递增。在技术创新方面，传统工业化企业内部的创新是与生产相分离的，有专门的研发部门来对产品进行技术的革新与设计。服务型工业化的技术创新基于客户的需求，把创新与生产紧密结合，利用信息平台重新设置产品的信息数据，服务并满足客户的定制需求，进行产品的研发。在企业的组织结构方面，传统工业化生产方式是一体化的原材料供给、生产与销售的物流系统。服务型工业化的企业组织结构，并非是一体化，而是趋于扁平、网络化的组织结构。在产品的特征及其生命周期方面，服务型工业化生产方式下的产品是模块化的定制方式，且生命周期较短。相比较在传统工业化的生产方式下，产品都是标准化的统一，生命周期较长。

命题3：随着经济全球化及信息技术的广泛应用，先进制造业与现代服务业呈现出“耦合”的趋势。因而，服务型工业化是先进制造业与现代服务业耦合发展的过程。

服务型工业化是产业发展过程中制造与服务融合发展的集中体现，主要表现在两者在信息技术的广泛应用与渗透上，两者的边界逐渐模糊，两者之间呈互动的关系。制造业内部的服务化趋势明显，由制造内部的分工分离出的新兴产业——生产者服务业的功能不仅仅是黏合剂，更与制造业紧密联系。

服务型工业化命题的提出，也仅仅是笔者在撰写毕业论文以来两年多的思考，最初笔者关注的是制造业服务化的问题及制造与服务融合的趋势，但随着阅读文献的增多，笔者发现从20世纪70年代之后世界经济发展进入一个崭新的以服务为主导的经济形态，也是工业化发展到现代阶段的一个突出性的标志。尽管很多学者认为这是工业化的结束，服务化的开端。但是笔者认为工业化作为一个历史范畴来看，与服务化是在实践中不断融合、交互的，两者之间没有一个清晰而严格的区分点，农业化与工业化之间的关系也是如此。工业化作为一个世界性的范畴，反映了世界先进的工业生产能力。因而，本书的服务型工业化从某种程度上也贴合了工业结构转变过程中高级化的特征。

依据钱纳里等学者对工业化阶段的划分标准，诸如中国、印度、巴西及墨西哥等发展中大国的工业化整体上均处于发达国家在传统工业化发展的中期或后期阶段。纵观发展中大国自身所采取的工业化道路，大都以片面发展工业制造业或过于重视服务业而忽视其他产业，例如，巴西的重工抑农、印度的重三产轻二产的现象等等，都将无法脱离工业发展中“恶性循环”的怪圈。问题的症结在于忽视上文所述的“服务”因素及其在工业化生产过程中的作用。不论是在价值链中的制造环节，还是社会化大生产中的制造模式以及现代服务业等方面，发展中大国都未能重视服务这一关键性的因素，忽略其带动并融合工业、农业发展的主导职能。中国作为发展中大国的典型，在 2002 年党的十六大提出走新型工业化的道路，是在面临经济全球化及信息技术革命的时代背景下提出的发展模式。其主体思想是“科技含量高、经济效益好、资源消耗低、环境污染少、人力资源优势得到充分发挥”。这是针对当前的环境和产业变化所做的科学判断，比较符合中国发展的实际。但从某种程度上来讲，服务型工业化是立足于发达国家工业化的一般发展规律，是不同于中国的新型工业化模式，它是在发达国家面临全球制造业服务化趋势下的一个以“服务化”为首要特征的多国工业化模式。服务型工业化也是发展中大国从工业经济过渡到服务经济时代过程中出现的必然阶段，具有工业化阶段过程中的一般性特征。

3.2.3 服务型工业化的理论模型

工业化是一个内涵丰富的概念。从不同角度理解，可视为发展过程，也可视为一种典型特征的生产模式。许多学者把工业化单纯地认为只是工业部门的生产率增长，而忽视了现代农业、现代服务业与工业化之间的关系。实质上，工业化不仅是一个产业升级和发展的过程，包括制造业结构、技术水平、产业组织机构、产业结构等的高度化演进；也是一个企业内部经营方式向标准化、模块化（高级标准化）、规模化、专业化、社会化发展的过程；更可以理解为是从自然经济向制造经济、服务经济全面转变的过程。基于工业化所涉及的广泛范畴，笔者从工业化的微观、中观及宏观三维视角来解释服务型工业化的深刻内涵与本质，并构建其理论模型。

从工业化的微观层面即企业的生产方式来看，服务型工业化表现为以先进的服务型制造模式为主导的大规模定制的企业生产方式，与传统工业化的大规模生产方式的差异性在于：服务型工业化是以服务、柔性的生产模式为主导，依据顾客的需求定制的生产方式。在运作模式上，主动地以顾客为中心实现个性化的生产和服务。为顾客“量体裁衣”定制模块，包括顾客对产品的全程参与，即从物料的选取到产品的制造、营销、售后等过程，以制造服务、生产性服务两项基本服务提供富有服务内涵的产品，从而提高企业内部的价值链增值环节。

从工业化的中观层面即产业组织形态来看，服务型工业化是一种新的产业组织形态变迁和演进的过程。作为中观体系内的产业组织形态的演变，服务型工业化体现的是模块化生产网络在全球布局的过程。模块化的产业集群、生产网络、动态联盟构成了服务型工业化内部的核心产业组织。这种动态的网络基于企业之间的分工与协作，以核心模块为主体的网络组织及外部模块通过外包的方式形成网络联盟，也是传统的产业组织实现纵向分离的结果。

从工业化的宏观层面，服务型工业化的实现形式主要以服务型为主导特征，实现了制造与服务的融合互动。服务型工业化的产业结构演进的过程更体现了现代服务业在结构中的较高比重。因而，服务型工业化是一个农业结构逐渐下降，以更多的服务业融合的现代农业的形态以及服务业产业融合的服务型制造业结构共存的系统。在这个大系统内整体的产业结构都变得较为软化，制造业比重缓慢下降，但始终保持在稳定水平，服务业持续上升，制造和服务的整体总值将占有很大一部分。

通过上述分析，综合概括：服务型工业化本质是一个体现先进大规模定制的社会化生产方式；是产业组织形态从一体化科层向垂直分离的网络化、模块化演进，并形成模块化生产网络、模块化产业集群的过程；是产业结构从制造业到现代服务业提升，并形成以现代农业、制造业与服务业相融合的过程。服务型工业化突出了“服务”，作为一个经济演化的系统，系统内部的主体都表现为“服务”倾向，在工业化微观的主体——企业的生产方式角色的转变上，实现了从制造到以服务为主导的制造模式的演化，以及产品供给模式从单纯的生产分工到为满足客户进行定制的服务模块功能转变。在工业化的中观主体——产业组织形式表现上，以模块为主导产业价值链的分布，为产业的发展提供核心价值，促进了产业的进一步演化，实现了制造与服务融合的局面（见图3－5）。

图3－5理论模型对服务型工业化进行了较为科学而清晰的界定。首先，把服务型工业化与传统的工业化模式进行了严格意义上的区分。服务型工业化体现的是以现代服务业对工业生产和流通提高的中间服务作为工业化发展的动力，和以往传统工业化的区别在于，传统工业化中的服务业只起到辅助作

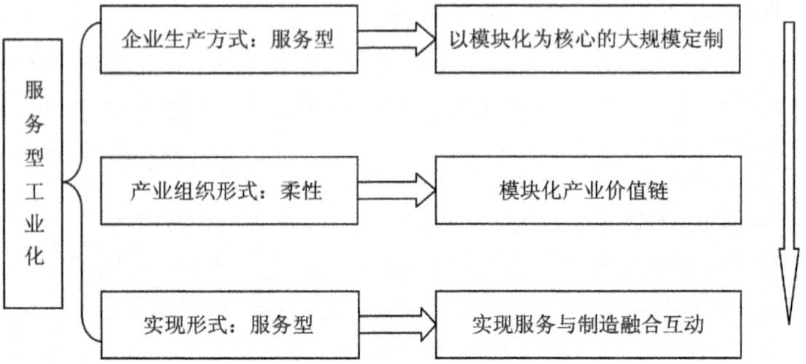

图 3-5 服务型工业化的理论模型

资料来源：笔者绘制。

用，是经济的一个“润滑剂”。而现代服务业以信息技术为代表，能够渗透并影响经济发展、工业制造业生产的各个层面，发挥了对工业化的强大推动力作用。用服务型来判断这一时期工业化的形态，实质上是以服务型为特征来区别新经济以前世界传统工业化的本质内涵。其次，服务型工业化是建立在发达的制造业基础之上的，通过制造业内部对现代服务业的需求和扩张，形成在生产方式上与传统工业化的不同，是具有按客户需求进行大规模定制的生产方式。最后，从产业组织形式来看，服务型工业化的产业组织程度及运行效率比传统工业化更为高级，形成了模块化的生产网络和产业集群，加速了区域乃至世界工业化发展的进程。工业化的微观、中观两个层面分别以生产方式的服务型、产业组织的柔性、产业结构的服务型三者的有机融合构成服务型工业化概念模型的核心。这是工业化问题在社会经济发展过程中的一般性问题的普遍性表现。然而，对于不同国家所表现的差异化、不平衡发展的情况来看，现代工业化的一般性与特殊性紧密相连。

从现行国家的实践情况来看，服务型工业化并非只在工业化发达国家悄然兴起，在全球化一体的时代，许多发展中国家的工业化发达区域、工业化内部的产业结构也深受影响，呈现出“生产型”向“服务型”转型的趋势。

服务工业化的理论模型还包含着“两层含义”及一条贯穿两层含义的“主线”。两层含义分别是：一是工业的服务化，二是服务活动的工业化，形成了服务化与工业化的有机融合。服务型工业化作为世界工业化在新时代中呈现的新形态，是在新的生产模式下催发而形成的一种新的工业化模式，进而表现为服务业与工业、农业融合的模式，是一种“基于制造的服务并具有服务性质的工业化形式”。贯穿这两层含义的主线就是信息技术和知识溢出的巨大渗透效应，通过知识和信息的协同效应在工业化的主体形式——产业链环节的融合，形成新的产业形态，使各个产业之间的边界模糊化，形成互相包容、彼此不可分的混合状态。

3.2.4 服务型工业化的特征

服务型工业化作为人类社会发展过程中必经的历史阶段，不仅仅是经济结构变化的过程，更是社会整体福利及社会体制变迁的过程。其特征主要在以下几方面中体现：

（1）经济体系方面。在产业结构方面，服务型工业化重点突出以生产性服务业及以服务业特别是基于知识、信息及技术密集型的现代服务业的发展为制造业的推动力量，制造业内部的服务化趋势是形成服务型工业化的主要动因。在生产要素方面，作为一个生产过程，服务型工业化主要以科技创新、信息技术、知识溢出、网络平台等新兴生产要素投入为基础。因而，智力支持、知识溢出、网络力量是服务型工业化的内生性生产的投入要素。此外，服务型工业化的全球性网络分工布局，是基于网络平台模块化的生产网络，实现具有服务功能的核心模块和成本优势的制造模块动态融合。

（2）文化教育方面。服务型工业化的文化更注重科技的培育和传播，强调知识、信息溢出带来的巨大效应。其文化特征更多体现了教育、知识在经济、社会领域中的作用。通过服务文明、生态文明和工业文明的有效结合，实现服务文明、生态文明对工业文明的广泛渗透，并有机融合。服务型工业化是一个倡导科技和教育的投入，实现产、学、研紧密结合，使研发、生产、教育、科技和服务形成同一整体的体系，能够提高社会内部物质财富和精神财富的水平。

（3）生态环境方面。工业文明时代带来的“环境病”是传统工业生产模式的弊端。但服务型工业化的生态文明能够有效解除这种困境，使工业生产逐渐生态化、环保化，通过利用先进的服务型制造模式实现柔性、绿色生产，把工业生产过程与生物循环系统结合，实现生态环境的优化，抑制对工业资源的过分消耗和生态环境的恶化。

（4）社会价值方面。服务型工业化追求实现对社会价值及个人价值的最大化，在生产制造领域中创造的是以人为本的消费价值理念，更注重的是对消费者价值和效用的关注。而传统工业化追求的则是经济无限增长的方式。服务型工业化以适度为原则，体现了对社会、人类、自然整体的价值追求，执意摒弃过去的消耗资源、只追求享受型的消费方式。

依据发达国家引导的世界工业化发达阶段所出现的“服务型”特征及规律，本书对工业化生产方式、产业演进、结构规律的发展趋势及特征进行提炼并综合归纳，构建一个服务型工业化特征体系及相应的理论模式（见表3-6）。

表 3-6 服务型工业化的总体特征

	技术层面	产业层面	结构层面	社会层面	文明层面
典型特征	智能化信息技术； 模块化定制	服务与制造融合的产业体系	就业结构； 产业结构； 投资结构； 消费结构； 外贸结构	以人为本 服务型社会； 知识型社会； 生态社会； 创新社会	服务文明； 生态文明； 社会价值； 个人价值
主要内容	服务型工业化的生产方式以信息、知识网络技术为支撑； 开发并利用新能源、低碳型新材料、实现先进的服务型制造技术	服务型制造业； 生产者服务业； 现代农业； 教育、管理、社会保障、行政等公共服务行业	就业结构：就业人口从传统制造业向生产者服务业转移； 产业结构：服务业比重、制造业中服务比重加大； 投资结构：社会资金集中于制造业、生产者服务业、社会公共服务； 消费结构：生产型服务、生活消费服务比例提升； 外贸结构：对外服务贸易依存度加深	服务与知识型社会； 良好的生态环保型社会； 创新社会； 较高的城市化与福利水平； 注重人才智力资本培育	充分体现服务文明、生态文明与工业文明的结构； 实现个人价值与社会价值的统一

资料来源：笔者绘制。

服务型工业化的特征主要集中在技术、产业、结构、社会及文明这几个层面。这五大层面也分别涉及工业化内部的五个方面，因而从立体的角度来看，形成以五大体系为底层的交互运作，从而支撑服务型工业化的总体发展的立体型网状结构，如图3－6所示。

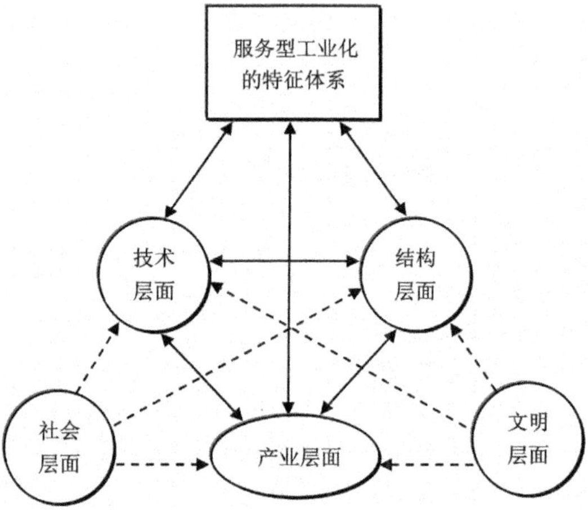

图3－6 服务型工业化的特征体系

资料来源：笔者绘制。

（1）技术层面。主要以工业化所囊括的社会化大生产方式内部的先进技术及使用智能网络化的科技制造为支撑，充分利用先进的、环保型原材料开采、加工和制造，既要利用先进的技术创造新资源，又要实现按客户的需求来进行模块定制的生产方式。因而，建立在知识、信息网络平台的技术体系是服务型工业化体系的最主要特点。先进的服务型制造模式成为新工业化的主导生产方式。此外，能源的开发和利用比传统工业化的模式更集约，以低碳经济为原则实现资源的充分利用。

（2）产业层面。服务型工业化的产业体系把产业进行细分，对工业化发展有明显促进作用的现代产业体系已经并非传统工业化仅涉及的农业、制造业、服务业三大体系。因而，服务型工业化的体系是充分依赖于产业分工的不断演化与融合的现实，是一个生产者服务业、服务型的先进制造业及现代农业的产业体系。现代服务业的发展之所以如此迅猛，离不开信息技术和网络优势的贡献。服务型工业化以实现对传统产业的充分融合，并带动所有产业协调发展作为其产业目标。

（3）结构层面。服务型工业化的结构特征在于五种结构：就业结构、产业结构、投资结构、消费结构、外贸结构，这些结构体系实质上反映经济结构的不同层面。结构优化合理才能使工业化发展迅速，缩短现代工业化完成的过程。服务型工业化内部的就业结构优化是就业人口从传统制造业向现代服务业、现代制造与服务融合产业转移的过程。在产业结构体系上，服务型工业化以现代服务业的比例高于制造业，制造业中服务因素的比重逐渐增大的趋势演进。投资结构更多地表现为社会把资金大部分集中投入制造业、现代服务业及社会公共服务部门。在服务型工业化的体系下，消费结构的发展更趋于合理，集中在生产型服务及生活消费服务的支出上。而贸易结构则体现的是服务贸易的对外依存度不断提高，在进出口结构中实现服务结构的优化。

（4）社会层面。服务型工业化的社会体系是一个以人的价值实现最大化的服务与工业文明融合的社会；提高教育及注重知识的学习型社会；良好的环境保护、生态平衡的循环型社会；鼓励不断创新的创新型社会。服务型工业化的社会体系是一个公共服务普及化的服务型社会，通过公共服务来促进以消费为主导的趋势。社会的公共服务范围覆盖率越大，基本公共服务均等化对城市化的作用越来越重要，而且这个作用是其他方面的作用难以取代的，因而城市化程度也体现得越来越突出。

（5）文明层面。服务型工业化是一个能够充分实现服务文明和高度发达的工业文明相结合的文明体系，能够努力实现个人效用及社会价值的最大化。在这个经济系统里，充分利用信息技术对传统产业进行技术融合、改造，用精益生产方式取代大批量生产方式，并在生产过程中大量使用电子计算机、网络控制系统等先进技术手段，从而使物质、能源等资源投入大幅度降低，环境污染大幅度减轻，体现了现代服务、生态文明的优越。

3.3 服务型工业化指标体系的构建

关于工业化的指标体系，国外众多学者都曾给予广泛细致的研究。发展经济学家钱纳里等人以人均国民收入和城市化的指标来划分工业化发展阶段。他认为人均国民收入在250～560美元，城市化率介于10%～30%之间是工业化的起始阶段；人均国民收入在560～1120美元，城市化率介于30%～60%之间，处于工业化与经济发展阶段；人均国民收入在1120～2100美元，城市化率高于60%是工业化发展的高度发达阶段[27]。库兹涅茨则通过设计产业结构这一与工业化关联系数较大的指标来分析工业化及经济发展的历程。霍夫曼也用类似的比例即工业消费品净产值与工业资本品净产值之比的指标来反映工业化进程，比例为5（±1）说明工业资本品的生产处于初级阶段；比例达到2.5（±1）则显示出资本品消耗的速度在增加，但仍然没有超过消费品的规模；比例处于并高于1（±0.5）时，说明工业化的程度已处于发达阶段，消费品与资本品的规模相当，消费品有超出资本品的趋势[28]。此外，克拉克等人则以就业结构指标来反映工业化水平及经济演进规律，当服务业的就业人数超过制造业时说明工业化的程度较高。总之，国外学者多用经济发展及结构的指标体系衡量工业化程度。但这些指标仅反映了工业化进程中的一些显著性的共同特征：工业化与经济总量、均量、结构等协同提高，而且划分得比较粗略，并未从工业化所带来的社会变革和经济变革的全局去考量。服务型工业化作为现代世界工业化的新形态，对其指标体系的厘定既要吸取国外学者对工业化的量化标准，又要全面而系统地符合服务型工业化自身的特征及体系要求，使用量化指标进行合理确立。

3.3.1 评价指标体系的设立原则及意义

服务型工业化指标体系的构建遵循以下原则：

（1）系统性原则。服务型工业化是一个复杂的系统性工程，其所有的指标体系都将反映经济增长和社会整体进步，各项指标必须有机结合并全面、整体地反映服务型工业化体系内部的各个层面。

（2）动态性原则。服务型工业化本身是一个持续动态演进的过程，指标体系的构建应考虑到系统与经济形势及客观条件的变化，可进行局部内的微调。

（3）科学性原则。指标体系应科学而合理地反映服务型工业化的主要特征及发展状况。

（4）可操作性原则。充分利用相关的标准和统计资料对涉及服务型工业化的内涵进行有效的测度和计算，避免因内容广泛、制约因素过多的一些关联性较强的变量重复出现，保证指标体系的简明而实用性。

服务型工业化的发展在世界范围内的不同发达国家都有不同

的表现形式。从总体上来看，通过指标体系来定量判断服务型工业化在不同国家的发展程度和水平测度。从局部来看，服务型工业化可反映其产业内部发展状况、技术的先进性、社会的城市化水平、生态型环境标准、智力资本的发育程度等等。因而，对服务型工业化评价指标体系的构建，为世界工业化的发展方向提供合理的路径选择，更能以此来带动全球经济的发展及人类科学价值的提升。

基于服务型工业化的体系及特征，按指标体系设立的基本原则及目标，本书构建了由五个一级系统指标、25 个二级子系统指标构成的服务型工业化评价指标体系，如图 3 -7 所示。

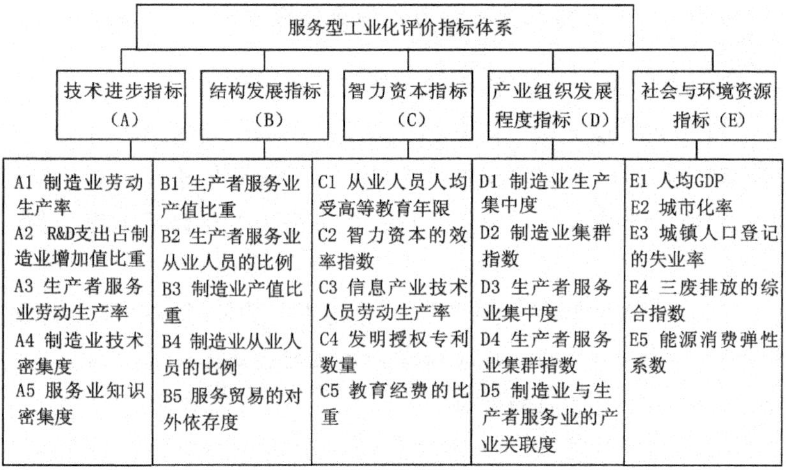

图 3 -7 服务型工业化评价指标体系

资料来源：笔者绘制。

3.3.2 评价指标的解释与说明

（1）技术进步指标。服务工业化的生产方式是技术的基础，而先进的制造技术则体现了服务工业化的微观基础。故技术进步的程度是衡量服务工业化指标体系的重要组成部分。本书选取五个具有代表性的指标从不同角度来反映服务型工业化技术进步的发展程度。

①制造业劳动生产率＝制造业的生产总值/制造业的就业人数，体现了制造业生产效率的提高是由于技术进步、服务型技术的广泛应用引起的。因而，制造业劳动生产率可反映先进技术的创造能力和生产效率。

②R&D 支出占制造业增加值比重＝制造企业 R&D 支出/制造业的工业增加值，该指标能够反映制造企业研发的投入对制造业增加值的贡献程度，是为制造而服务的因素，体现制造企业为顾客服务而按需求设计研发的整体水平。

③生产者服务业劳动生产率＝生产者服务业的生产总值/生产者服务业的就业人数，可以充分体现生产者服务业在技术进步中的生产效率。

④制造业技术密集度＝技术密集型制造业的总产值/制造业的总产值，该指标说明制造业的先进程度。

⑤服务业知识密集度＝知识密集型服务业的总产值/服务业的总产值，能够说明服务业中具有知识密集型的服务业发展的程度。

（2）结构发展指标。服务型工业化的结构指标必须重点突出关联其内部因素的产业结构发展状况及贸易结构。本书选取了五个指标来定量反映。

①生产者服务业产值比重＝生产者服务业产值/所有产业（农业、制造业及服务业）总产值，可以反映生产者服务业在产业结构中的产值比重。

②生产者服务业从业人员的比例＝生产者服务业的从业

人员/所有产业的从业人员，表示生产者服务业的就业结构比例。

③制造业产值比重 = 制造业产值/所有产业总产值，这一指标说明制造业在产业结构中的比例。

④制造业从业人员的比例 = 制造业从业人员/所有产业的从业人员，表示制造业的就业结构比重。

⑤服务贸易的对外依存度 = 服务贸易总额（进口 + 出口）/GDP，这一指标反映服务贸易的开放程度占整个国民生产总值，进而反映区域经济的服务化程度。

（3）智力资本指标。智力资本是推动服务型工业化迅速发展的因素，本书选取五个指标来进行定量刻画。

①从业人员人均受高等教育年限。这一指标用来反映从事智力劳动的人员的高等学历，说明知识是衡量智力资本的关键性因素。

②智力资本的效率指数 = （制造业的销售总额 - 购买原料及服务成本）/制造业的净资产总值。可用此来近似衡量智力资本在制造企业的智力投入及产出的效率。

③信息产业技术人员劳动生产率 = 信息产业的总产值/信息产业的就业人数。侧面反映服务型工业化中的信息产业作为一种服务业对工业化程度的贡献，而智力资本也相对集中在信息服务业中。

④发明授权专利数量。能够有效地反映智力资本的产出情况。

⑤教育经费的比重 = 政府财政在教育方面的支出/政府的财政总支出，反映区域内政府对智力资本的投入，进而反映智力资本的发育程度。

（4）产业组织发展程度指标。产业组织的发展程度是通过市场网络组织来实现。先进的市场网络组织有利于加强制造业、服务业企业与外部环境的正式与非正式关联度。本书选取产业集中度、集群指数等五个指标从不同角度去体现服务型工业化区域产业组织发展的程度。

①制造业生产集中度=制造业的销售总额/整个产业销售额，反映了产业组织中制造业的生产集中程度。

②制造业集群指数=（区域制造业就业人数/全国制造业就业人数）/（区域产业就业总人数/全国产业就业总人数），可以近似反映区域制造业的集群组织结构及发育程度。

③生产者服务业集中度=（生产者服务业的销售总额/整个产业销售额），这一指标表示产业组织中生产者服务业的生产集中程度。

④生产者服务业集群指数=（区域生产者服务业就业人数/全国生产者服务业就业人数）/（区域产业就业总人数/全国产业就业总人数），可粗略反映区域生产者服务业的集群组织结构及发育程度。

⑤制造业与生产者服务业的产业关联度由影响力系数和感应系数两个系数组成。制造业与生产者服务业的影响力系数 $\eta_j = \overline{b}_{cj}a_j / \sum_j \overline{b}_{cj}a_j$，感应系数 $\omega_i = \overline{d}_{ic}\beta_i / \sum_i \overline{d}_{ic}\beta_i$，（$b_{cj}$、$d_{ic}$ 分别表示制造业与生产者服务业的投入产出矩阵）。关联度指标反映制造业与生产者服务业的产业联系的紧密性，以及市场组织结构的紧密程度和通达程度。

（5）社会与环境资源指标。服务型工业化体系的社会与环境指标能够反映社会的发展状况及对资源环境的影响程度。本书建立了以下五个指标：

①人均 GDP。人均 GDP 能够反映国家或区域经济与社会发

展的整体概况，进而反映服务型工业化程度的综合状况。

②城市化率。城市化率可以反映社会公共服务的水平及服务型工业化内部社会体系的高度发达程度。

③城镇人口登记的失业率。主要反映在服务型工业化体系下社会进步状况及其发展水平。

④三废排放的综合指数等于年工业废水、工业废气、工业固体废物排放量的加权平均数。其代表衡量环境污染的程度，也间接反映了国家或区域的服务型工业化体系的环境可持续发展能力。

⑤能源消费弹性系数 = 能源消费量年平均增长速度/国民经济年平均增速。工业化的增长是与能源消耗不能分开的，随着科技的进步，能源的利用率提高，将会加速国民经济的变化和工业化的加速发展，也侧面反映了服务型工业化对资源的控制及利用程度。

综上，服务型工业化指标体系的构建，能够较为系统地评价出国家或区域服务型工业化的发展状况。从微观的角度来看，服务型工业化的生产方式是在大规模定制下的先进的服务型制造模式，能够增强制造企业的市场灵活应变能力及研发创新，增加制造企业内部的竞争力。从中观的角度来看，服务型工业化的产业网络组织与传统工业化所包括的市场网络结构出现明显差异，服务型工业化的市场网络组织能够使制造业与生产者服务业的产业关联度加强，形成更为广泛的市场联盟与集群，增强制造业的服务化能力与发展潜力，提高制造业的运作效率。从宏观的角度来看，服务型工业化体现了产业结构优化的过程，对社会和环境的发展起到更为突出的作用，实现了智力资本、技术的最优配置。因而，服务型工业化的指标体系能够比较客观地反映服务型工业化本身的主题内容。

3.4 本章小结

新兴产业革命所带来的知识密集型产业完全是建立在信息和知识这两大新的生产要素基础之上。信息技术有效地发挥了知识溢出作用，而世界经济的高速发展也离不开知识、信息这两个动力源泉。本章的出发点在于对现代工业化形态转型的时代背景进行分析，主要基于信息技术的变革、知识的创新、制造业服务化的新趋势、产业链形态的转变、制造与服务的边界模糊等，它们是现代工业化发展过程中出现的种种现象与内部的变革因素，更是促发了现代工业化从传统走向服务型的主要催动力量。因而，笔者通过对这些因素进行衡量与分析，提炼出了服务型工业化的理论模型。服务型工业化体现在三个层面上：在企业的生产方式上，突出了按客户需求进行定制的服务型生产方式；在产业层面上形成了模块分工的产业价值链，并形成模块化的生产网络与产业集群；在产业结构上，服务型工业化以服务型为主要特征，显示出现代服务业在产业结构中的突出地位。在此基础上，本章进一步地对服务型工业化的指标体系进行厘定，依据其内在的特征来提出相应的衡量指标。

本章为服务型工业化理论模型的概述部分，接下来的第四章、第五章、第六章，将分别对服务型工业化的主要组成部分进行具体分析与论证。

4 大规模定制：服务型工业化的微观基础

4.1 新时代生产方式的物质基础：信息与知识

在经济学领域里，信息与知识对经济增长的作用早已引起经济学家的广泛关注。古典学派的斯密（1776）对知识的认识源于他对分工理论的深化理解，他认为分工能够带来专业化知识的积累并引发技术的变革，通过技术与专业化知识的创新实现生产力的飞速增长。马歇尔（1890）也认为知识就是一种生产力，能够自发地调节资源配置，引发技术进步。在新古典经济学派理论中，知识和信息成为理想化的研究假设，并没有引起足够的重视。直到现代，经济学家们才重新认识知识、信息在技术创新、技术进步和经济增长中的重要作用，建立了“外生增长”[29]的理论框架。随着这种外生增长理论的发展，经济学家们普遍认为知识、信息作为生产要素应该纳入到经济增长模型的内部。它们是经济体系内部作用的结果，能够带来收益报酬递增，是经济体系内部的分工与专业化的直接推动力。美国经济学家卡尔·费拉保罗（1995）提出了知识规模报酬递增的论断，他认为在经济全球化的大趋势下，全球的各大区域经济地带在知识、信息经济的作用下，能够互相协作，共享信息、知识资源，共同开发高科技产业。知识和信息越来越受到经济学家的重视，认为知识、信息的传播及创新是经济增长的关键因素。信息与知识已作为人类社会生产过程中极为重要的物质要素。

4.1.1 信息与知识的内涵及联系

从信息论对信息的定义来看，信息是一种以物质介质为载体，传递和反映世界各种事物存在方式运动形态的表征[30]。它通过文字、声音及图像的形式来表现，以数据进行并联排列。Shannon（1948）认为信息能够消除随机不定性，使确定性增加。Wiener（1948）也指出信息是集物质、能量、信息以及属性为一体的方式，既是一种物质存在的方式，也是事物发展过程中具有一种普遍意义的属性。在数据中信息包含的内容是具有不确定性的[31]。信息本身具有可识别性、可存储性。但是信息最主要的特征就是能够进行传递、可以从一种形态自由地转化为另一种形态。作为一种资源，信息是具有价值的。现代经济学意义上的信息扩散具体表现是指信息技术在经济领域里的广泛应用。这种信息的溢出能够引发经济结构的转变和新兴产业的诞生，同时改变生产要素的结构，加快现代管理模式的应用，致使人类的工作方式及生活方式发生转变。

学术界对于知识的理解较为宽泛。经济合作与发展组织（OCED）在《以知识为基础的经济》的报告中，从经济学的角度把知识的内涵分为四种类型。第一类是关于事实方面的知识，是在什么样的时间、地点或条件下解决什么样的问题。这类知识可以作为一种信息来理解。第二类指的是自然原理及规律的科学理论，这类知识的生产是在一些研究机构创造出来的。第三类知识是指做某些事情的技艺或能力，在企业内部开发或保存的专有技术，这类知识可作为一种特殊类型的信息。第四类侧重于对知识本身的创造，包括思想、方法及手段等方面[32]。杨圣明（1999）认为现代的物质生产离不开智力劳动，在人类进行物质生产活动中都将应用或创造知识，知识隐含在生产过程中。物质生产创造出新的知识，在专业分工的基础上进行知识的创造与智力的劳动。从经济学领域来看，知识是能够促进生产效率增长并改变生产过程的一种技术手段，也是人类智力劳动所创造的成果。

信息与知识两者存在显性与隐性的区分，显性的知识或信息充当着纯公共产品的角色。而隐性的知识或信息仅仅是半公共产品，只有内部的成员才有权享有，其他外部成员可能要付费。在新经济时代，知识与信息更多地应用在现代生产领域之中。信息成为知识的重要组成部分，把反映事实现象的信息经过加工，通过再生信息来构成完整的知识。信息与知识本质上是可以通用的，在某些特定的条件下是可以相互替换的。因为信息通过加工处理之后，能够应用于生产，来进一步转变成知识。如果信息通过处理转变为隐性的知识，这些知识在转换的过程中又通过各种方式传输并实现共享，则信息就成为了显性的知识。如果信息的接收者把信息再次地内在化，并未实现组织成员内部的共享，那么就只能将其转化为隐性的知识。知识与信息两者的转换，可使生产系统内部的工作及生产效率提高。但是，两者之间的相互转换有一个前提条件，就是必须在特定的经济系统内部。只有信息利用知识进行管理及处理之后才能使信息与知识在系统内进行自由替换。

4.1.2 信息与知识在新时代生产方式中的应用

新时代的社会化大生产过程是基于模块的分工及定制。信息与知识就是模块分工过程中的基本单元与重要的组成部分。而模块化本身也体现了信息与知识的分化与整合过程。因而，信息与知识是两个必不可缺的物质元素，并且在现代工业化生产过程中体现了与传统工业化生产过程中完全不一样的作用及经济含义。知识与信息参与了现代整个生产过程中智力劳动与成果复制、溢出这几个环节。智力劳动的过程是学习与创造的过程，成果复制是把知识与信息扩散、传播的过程。在现代工业化生产过程中，对知识、信息的研究与开发是生产性劳动的过程。通过研究与开发来创造新的知识与信息，应用到产品的生产中。知识与信息溢出的过程也是现代工业化生产过程中不可或缺的环节。新的知识及信息是在模块分工的基础上创新出来的，通过专业化分工把知识与信息在学习过程中创新出来。整个过程同物质生产的过程一样，把创新出来的知识与信息进行复制、扩散。与传统工业化生产区别的是，知识与信息两个生产要素参与现代工业化生产，能够实现规模与范围经济。这与传统工业化仅仅是实现了规模经济相比，确实是一种质的提高。在现代工业化生产过程中技术的进步越位到知识与信息的进步，知识与信息的创新过程发挥出巨大的经济效益。

从工业化的过程可以看出，在工业化发展的低级阶段，知识与信息的创新可能还仅仅限于简单的脑力劳动创造上。在工业化发展的高级阶段，知识与信息已成为工业化生产过程中主要的创新形式，逐渐脱离传统的手工作坊的低效率生产方式，其生产速度就可无限扩大，实现规模报酬递增。知识与信息的创新与创造过程离不开部门分工细化。信息与知识在现代工业化生产过程中的不确定性也导致了其分工与协作的复杂性。知识与信息的分工与协作从生产部门内部及外部表现出来。内部分工与协作通过生产部门内部的生产要素及生产关系相互作用。外部的分工与生产过程体现了外部市场与组织之间的相互协调。因而，只有通过内外部的协同及经济效率等原则进行约束，降低在分工与协作过程中的交易成本及制度因素带来的费用，才能保持良好的协调能力，处理好现代工业化生产内部的知识与信息主体之间的竞争与合作关系。在现代的工业化生产过程中，知识与信息还充当着工业化的主体——企业之间竞争的最有利的武器。企业只有通过对知识、信息进行专门生产，利用对知识与信息的垄断程度来获得产品在市场上的占有率，才能实现最大的规模，处于竞争中的上游。例如，现代工业化的生产大部分都利用跨国公司这一庞大的组织来集中优势资源创造专利性质的知识及信息。通过知识、信息在生产过程中的复制与溢出，在全球范围内进行生产与销售，实现资源的最优配置，来满足世界各地消费者的需求。综上所述，知识、信息在现代工业化生产过程起到至关重要的作用，它们是企业开拓、占领与控制市场有力的武器。

4.2 模块化视角下生产方式及其制约因素

4.2.1 模块化视角下的大规模定制

随着现代工业化的快速发展，产品的销售逐渐由卖方市场转变为买方市场。客户也表现出对产品的需求具有多样性及不确定性。当传统的制造企业不能满足消费者的需求时，这种生产方式必然受到挑战。在知识、信息等现代生产要素的作用下，产生了大规模定制（mass customization）[33]这种全新的生产方式。Alvin Toffler（1970）针对这种新的生产模式进行了简单的刻画：这是一种类似于标准化与大规模生产的方式，其突出特点在于向顾客提供特定需求的产品或服务。此后，众多理论家都对这种新的生产模式进行考察、研究，一致认为大规模定制是依赖信息技术及先进制造技术的支持能够根据客户的多样化需求，集中企业内外部的各种资源，以高效率来提供大批量、高质量的产品及服务的制造模式。Joseph（1993）等人也认为这种新兴的生产模式是基于产品定制及多样化的需求，以较高的经济价值来实现，在产品部件或结构都具有通用性的前提下，使用标准化、模块化的方式来降低生产的成本，来满足顾客特殊的定制需求。中国学者祈国宁（2003）也提出大规模定制是一种先进的企业生产与管理模式，在标准化技术、模块化技术、并行工程和可重组制造系统等技术与思想的支持下，将定制产品的生产问题，通过产品结构和制造过程的重组，全部或部分地转化为批量生产。由此可见，在模块化视角下，大规模定制是现代工业化生产方式的必然选择。

服务型工业化作为一个由发达国家引导的网络型全球化的大生产过程，在生产领域，基于模块分工基础之上的知识与信息为核心资源，体现的是在大规模定制的生产方式下以先进的绿色、柔性和敏捷式的服务型生产为主体的制造模式。因而，大规模定制作为服务型工业化的生产方式就体现了模块化的理念。模块化的思想使得现代工业化的生产方式逐渐向高级化的方向发展。作为一种柔性的生产方式，主要是基于对产品模块化的设计，通过在制造企业内部利用模块化的技术，把产品制造工序进行若干分解，实现统一的界面，对模块进行排列组合，制定出多样化需求的产品。同样，在制造企业内部，组织职能也模块化，并依据各自的承担模块的职能，不断加速知识的创新，使得模块的种类及结构不断更新，产品系统不断更新、升级。在大规模定制生产过程中，制造企业在产品的设计、技术及生产组织等各个方面都会充分利用模块化的思想。在统一的接口或界面的要求下，把制造的过程分散给不同部门，相互融通，批量生产，灵活组合，实现内部和外部的多样性需求。在制造过程中，服务模块作为一个单元始终贯穿在整个生产系统中，客户或消费者提出需求，由生产部门根据需求设计产品或者服务，通过提供的这种服务，来满足客户的需求。因而，大规模定制也是一种为客户实现量身定制的模块化生产过程。这种生产过程不仅体现在生产环节上，而且在销售或交货环节也可以进行最优的服务定制。现代物流业的发展，将运输、储存、装卸、搬运、包装、流通加工、配送、信息处理等基本功能模块化，就充分说明了这一点。可见，在整个企业价值链的各个环节中，模块化都已成为一种简单的定制方式，如表 4－1 所示。

表 4－1　　模块化视角下的大规模定制流程

大规模定制过程的各个环节	涵盖的内容
研究与开发	研究与开发的模块化产品或服务
生产阶段	生产的模块化产品或服务
运输阶段	物流过程的模块化服务
销售阶段	利用模块化产品及服务来销售定制化服务
支付阶段	支付模块化产品及定制服务

资料来源：笔者整理绘制。

（一）大规模定制的技术要求

大规模定制是企业以先进的制造技术、信息技术及管理技术为手段实现的柔性生产方式。它具有一定的技术要求：

（1）生产系统的模块化。大规模定制在生产产品过程中必须具备模块化技术。因为模块化的生产单元同产品的模块较为类似，具有标准的对接口，即插即用，根据顾客的需求来替换或使用适合的模块，模块化突出了生产系统的灵活性及柔性。大规模的定制平台就是建立在模块的基础上的。事先制定一个统一的标准，比如统一的信息标准接口，然后根据需求来设置不同的模块，把这些不同的模块设备都集中到大的生产系统中。而模块之间的标准接口，是进行产品的重组、延伸的一个必要前提。所以，生产系统的模块化，保证了生产过程中的模块单元组合，按照不同的生产需要增加或者减少模块单元，调整这些模块单元相对顺序，构建生产系统的流水线。

（2）控制结构的动态化。在大规模定制的生产模式内部，不仅需要生产系统具备模块技术，而且对系统内的结构也需要有一定的控制权限。控制技术一般采用信息、智能的电子设备来完成，通信之间的合作事先要有明确的规定。在生产系统内部，控制结构会因订单的不同而设定不同的参数，来响应顾客的需求变化。因而，必须具备一个具有自治性的实体控制结构，才能够利用集中或者间接控制技术来应对动态的环境。

（3）生产布局的灵敏化。大规模定制的技术要求整个生产系统有详细、周密的规划。利用先进的信息管理系统合理布局生产流程、加工流水线、运输时序等。而布局并不是一成不变的，具有动态的调整性。网络化的制造及供应链的管理系统，对生产布局实现最优的控制与管理，不断调整管理的模式在生产环节中的适应性。保证整个生产过程实现网络化的管理，从产品的开发到销售的全过程都将实现最优。

（4）物流传输模块的柔性化。物流传输系统模块是企业大规模定制模式中不可缺乏的环节。传统生产模式中的运输都是采用一体化的传送带、导引车、吊车等。而现代工业化的物流传输考虑速度、安装时间等方面的因素，通过计算机控制增加运输路径的智能化与恢复能力，实现了模块化的传送方式。模块化的传送方式把传送带分为单个的模块，组合成不同类型的传送带，模块之间可以通过更改方向及调整速度来完成二维、三维的空间运输。

（二）大规模定制生产模式的分类

Duray 等（2000）从顾客参与的起始点在价值链的不同位置和产品模块化的不同类型两个维度，对大规模定制模式的类型划分为：创造式、参与式、模块化式及组装式。而 Swaminathan（2001）也根据产品是否模块化及流程是否模块化这两个维度，提出了大规模定制的四种类型：部件标准化、流程标准化、产品标准化及采购标准化。现在，被学术界及企业界都普遍认可的分类方式，是把大规模定制按照生产的过程分为按订单设计（engineer - to - order）、按订单制造（make - to - order）、按订单装配（assemble - to - order）、按订单销售（sale - to - order）四种类型[34]。按订单设计是在满足顾客需求的情况下，重新设计零部件或整个产品。从产品的开发、原料的供应、生产、运输全过程都按照客户订单的要求，生产定制化的产品。按订单制造是在零部件的基础上，使客户订单分离点（CODP）位于生产阶段，利用模块来定制产品。按订单装配是指客户订单分离点的位置移动到减少产品零部件及模块库存上。把企业已有的零部件配置向客户提供定制产品。按订单销售又称为库存生产，在这种大批量的生产方式中，企业通过客户订单分离点（CODP）来减少现有产品的库存[35]。

（三）大规模定制的典型特征

与大规模生产相比，大规模定制的生产模式对现代工业化主体——企业发展及生存提出了更高要求。其体现在以下几个方面：

（1）以模块化、标准化定制产品及服务。大规模定制是产品以较为低廉的成本来满足最高水平产出的一种个性化定制。大规模定制把产品及服务建立在模块化的基础上，利用标准化的零部件实现产品的多样化组合。而模块化的构成方法包括多种方式：比如共享型、互换型、量体裁衣型、混合型、总线型。通过这些方式将产品的分解模块进行任意组合来形成顾客最终需要的产品或服务。模块型产品的突出优点就在于顾客只需要更新个别模块就可对产品实现更新换代的要求，这样既减少了对原材料的浪费，又对环境的保护产生积极作用。

（2）企业组织管理网络化。大规模定制的生产模式更多地将全新的网络式的生产、管理逐步应用。制造企业实现各种先进的制造模式，诸如敏捷制造、虚拟制造等，用网络开发新的产品结构及寻找合作伙伴。通过网络组建虚拟企业，把社会的供应链系统同企业连接，按大规模定制的生产进行综合、有效的控制与管理。网络使制造业逐步全球化，也使得全球的供应链系统逐步完善。此外，由于模块化的产品制造方式，使得企业为了研发新的产品重点开发核心模块，利用网络在市场中寻求合作伙伴，并使其参与到核心模块的研发、创新、设计的工作中，逐渐将专业化部门进行分解。制造核心模块的核心企业将从传统的橄榄型模式转化成只负责产品研发及市场销售的服务型“哑铃”企业。

（3）对企业价值链做出积极响应。企业的大规模定制以顾客的需求为中心，对顾客的需求实现快速反应。在企业价值链的每一个环节中，都将体现顾客的需求，包括供应链、交货点、生产、销售的分布环节都包含着对产品实现多样性的定制。整个价值链对市场分化度、品种增加及个性化定制的因素做出积极的反应。这种反应一方面以尽快满足顾客需要为中心，以较低的成本生产较多的品种。另一方面，这种反应使交付功能快速满足客户需求，引起连锁反应。从交货点开始反过来依次作用于分销和销售过程、生产过程直至开发过程。整个企业价值链的每一环节本身都将发生巨大的变化：缩短周期时间、增加产品多样性、在客户需要时向他们提供任何想要的产品或服务。而整个价值链的快速响应是基于时间的策略的，不是孤立的，是和市场分化、品种增加、个性化定制结合在一起的。

综合来看，大规模定制就是利用定制化产品及服务进行现代工业化的生产。在现代工业化生产过程中，必须重视服务，为满足客户的需求而进行生产，实现定制与规模同步结合，因而大规模定制作为现代工业化生产过程中涌现出的新型的生产方式，是旧的生产方式的创新。这种生产方式与传统工业化相比，是以顾客为服务对象，让顾客参与到制造产品的实际过程中，而不是被动地接受生产体系制造的标准化产品。从对客户服务的角度而言，大规模定制的生产方式与传统工业化的生产方式相比，具有以下的区别（见表4－2）。

表4－2　传统工业化与服务型工业化生产方式的比较

	传统工业化大规模生产	服务型工业化大规模定制
产品生产过程	单纯的产品生产操作过程	服务贯穿于整个生产过程
生产效率	低	高

续表

	传统工业化大规模生产	服务型工业化大规模定制
产品需求	相对稳定	需求多样性、细分
产品生产方式	刚性	柔性
生产关系	管理者与雇员之间的关系	联盟意识

资料来源：笔者整理绘制。

从两者之间的对比，可以发现，服务型工业化的生产方式比传统工业化的生产方式更为高级。主要是利用信息技术为基础，突出了服务在产品制造过程中的地位及作用，满足顾客个性化的服务需求。而这种变化是基于分工方式的转变，从传统的线性分工到网络式的模块分工，市场对产品的需求及竞争方式提出了新的要求。大规模定制的生产过程的核心在于模块化，通过不同的模块分割，实行统一的口径及标准界面，满足了市场对产品的多样化需求。同时，能够进行小批量的生产，成本低廉，提高制造企业的竞争力。因而，模块化生产成为大规模定制的最佳选择。

4.2.2 模块化生产方式的制约因素

从 20 世纪 70 年代之初开始，模块化的生产方式就已经风靡全球。这种生产方式使得制造企业把产品的生产过程从一个企业内部分离出来，并分散到不同的空间区位内的其他制造企业。Deardorff（2001）认为模块化的这种生产方式体现了现代企业利用不同的比较优势，在不同区域进行模块分工并组成最终的产品。例如，20 世纪中后期，许多垂直一体化的产业把零部件生产环节向发展中国家转移，产品的生产过程体现了模块化的分工，因为模块化的生产方式本身就把产品的设计及生产做了专业化分工，致使知识与信息的创新速度加快，利用各个区域的比较优势来进行生产，降低了生产的成本。但是模块化的这种能够实现规模定制的生产方式，也有一些制约其发展的因素。一是企业的生存环境的影响[36]。制造企业通过内部环境及资源的影响，对信息的需求的依赖性也是不确定的。若企业的资源及环境给予生产中更多的信息，使得内部交流更为畅通，这样企业内部与外部的环境才互为融洽，在模块化生产过程中才能更好地满足多样化的市场需求。模块化的生产方式对企业内部的环境要求比较高，需要内部的生存环境能够适应模块化生产的动态变化，这样才能保证在生产过程中及时根据环境来调整并不断地反馈。因而企业的环境的影响一方面能促进模块化生产，另一方面也不断影响着其生产能力。二是较高的企业柔性战略。模块化生产本身就是一种柔性的生产方式。这就要求企业的管理方式必须是柔性的。如果企业内部缺乏柔性的组织及战略管理，那么将不能适应快速变化的环境。因而，柔性战略与模块化生产是相互反馈的。当企业组织处理事务的能力不断加强，组织内部的柔性也日益增强，只有相互调整，才能使模块化生产过程中不断克服各种高成本，加快技术的进步并向顾客提供服务。这种以模块化为分工的大规模定制的生产方式是现代工业化生产方式的一大进步，尽管模块化的生产受企业的环境及战略管理方式的影响，但是模块化本身就具有一定的协调能力，能够利用企业内部的各种资源，对资源进行综合利用，完成企业组织内部的绩效目标。

4.3 模块化生产方式与规模报酬递增

在模块化分工的基础上，本节将具体分析制造业内部的模块分工对于实现企业规模报酬递增的作用机制。从模块分工的角度来看，出自于制造业内部的模块分工的成熟与演化，使得现代服务业尤其是制造业内部的服务功能模块从分工中脱离出来，制造业生产方式逐步摆脱了在制造企业内部一体化的模式，实现纯制造经济向服务型制造经济转变。不论是内部需求还是外在的经济结构的质变，都将反映从制造企业内部分工的演化到外部结构独立分工的具体过程。因而，本章把制造企业内部的模块分工作为现代工业化发展的一个最根本、最重要的驱动力。正是由于制造企业内部生产过程的模块分工的深化及其内部对服务模块的功能需求的日益增加，现代的服务模块外包才能广泛出现。而这个转变的过程是伴随着分工及专业化方式的演进及规模报酬递增实现的。

对于这方面的研究，许多经济学家有着广泛涉及。诸如 Greenfield（1966），Francois（1988，1990），Grubel and Walker（1988），Jones and Kierzkowski（1988），Markusen（1989）和 Rivera - Batiz he Rivera（1988）等都对制造内部服务环节（模块）功能的强化产生浓厚的研究兴趣。其中，Greenfield 早在 1966 年就指出现代服务业尤其是生产者服务业对制造业逐渐增加的依赖性，亦是现代工业化发展的关键性环节。他观察到，随着经济的发展，意味着非制造领域的劳动力在就业中占有更大比重，更大规模地需要在企业增加个人及设备的专业化。

制造企业内部的服务模块对于企业的协作及专业化的运作经营是非常重要的。制造企业内部的服务是当今专业化经济多样性的发展因素，已成为了生产领域中相当重要的一个层面。Katouzian（1970）认为生产者服务的需求（他所指的是具有补偿性质的服务业）体现了制造内部功能的强大。这些服务需求的增加也与中间产品的范围及复杂程度相关。Gold（1981）观察到随着规模和专业化程度的改变、个人薪酬和技术比例的增加，需要有效的计划、服务、协作、评估等中间部门的产生，使得企业在具有专业化及相互依赖的经营方式中进行改进。相似的争论与主张近期更多地被 Jones 和 Kierzkowski 及 Francois 等人所接受。诸如 Greenfield、Francois 及 Gold 等把制造企业的劳动力数量变化作为衡量制造企业内部模块分工的一个解释因素，通过实证来考察制造企业如何通过分布劳动力来实现规模报酬递增。他们认为生产者服务对制造业生产过程起到补偿性作用，而非替代性作用。生产者服务模块实现了市场扩张及一体化，有效地分配了劳动力资源的配置。Gold（1981）也主张并认同这样的专业化是规模报酬实现的核心。

4.3.1 制造企业模块化分工中服务模块发展的特征

制造企业内部的模块分工主要表现在生产过程中对服务模块需求的增加，而制造企业在生产的过程中，内部的模块分工越来越精细。产品的模块分工与专业化生产，是从对最终产品进行对象的专业化分工开始，到部分制造模块为产品提供零配件，实现工艺分工的模块化，再到制造企业在衡量自产与服务的成本后选择把产品或服务模块进行外包。最后，通过购买外包模块，来组装制造产品。因而，生产者服务的模块外包与专业化的本质是把制造业内部的中间环节分离、打碎，体现了制造业内部的分工原理。这种服务模块外包的现象，在现代制造生产领域中极为常见。比如，某个制造企业对产品进行了模块分工，为了能细化体现分工后的流程管理，需要一个专业的服务模块对产品物流运作进行服务保障管理，这就是制造企业内部延伸出来的服务管理模块。当企业内部的模块分工更为精细的时候，这种功能性质的模块的需求就越高，同时对这些服务模块的需求也随着市场程度的扩展、企业规模的扩大，表现出制造企业内部服务模块数量的增加，功能的强大。因而，从经济体系运行的逻辑角度来看，分工与演化的程度不断加深，为生产者服务的模块功能体现的效应也越发重要。这些服务模块与制造企业的产品模块分工有明显的不同，主要表现在：

（1）制造企业生产产品的模块分工是基于现代生产设备技术的更新。为制造服务的模块是立足于知识资本、信息资本的。因而为生产服务的模块更多地集中了知识因素，使得制造产品集中了更多的知识与信息的含量。制造企业产品的模块分工更注重制造技术的变革，而服务模块具有知识密集型的特征，提升了整体制造业内部的生产效率，体现了知识与信息的综合利用及信息技术与知识资本的支撑。通过对现代制造模式的重新改写，主导着现代全球工业化的发展方向与趋势。

（2）制造企业的服务模块本身具有专业化的特征，贯穿于整个制造生产过程中。为制造提供中间模块供应商的服务环节在制造生产过程中能够对每一个模块产生互动影响，在整个制造业的生产网络里具有举足轻重的地位。服务模块的产生是分工不断深化与扩展的结果。因为在制造业专业化模块分工的过程中，产品的模块分工布局在制造业内部不同的企业之间，每个模块都会对服务模块产生需求。企业在这种分工的状态中协调、管理的难度很大，需要不同性质的服务模块进行疏通、引导与辅助。如果制造企业内部的服务模块不能满足这种需求，可以向外部市场或是在专门提供服务外包模块的企业中获取。从制造企业内部引发的内涵式分工将逐步依赖于由外部市场专业化服务企业提供的、为制造过程服务的服务模块。制造企业内部生产模块的分工也并非都集中于企业内部，也可能出于交易费用、各项成本的考虑，向外部市场获取分工模块。随着外部市场的不断成熟及规模的扩大，制造企业之间为了完成产品的生产，相互建立良好的合作关系与交易行为，都将进一步导致各个专业化分工模块及服务模块业务的扩展，提高制造技术、模式及服务管理质量。生产者服务的模块能够为制造企业的生产过程提供专业服务，包括在企业内部各个模块环节中需要的各种服务支持，诸如金融、保险、财务、物流、评估等这些具有独立性质的模块。这些模块在制造企业迂回式分工的基础上控制着整个制造企业，是制造企业生产过程全局系统中不可或缺的一部分（见图 4－1）。

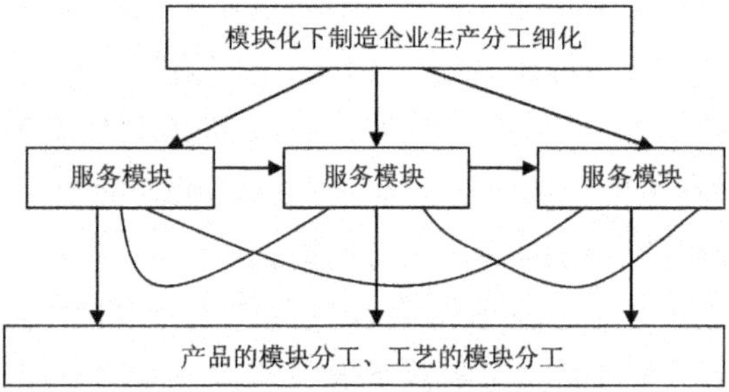

图 4－1　制造企业的模块化分工

资料来源：笔者整理绘制。

4.3.2　制造企业模块分工与报酬递增

（一）理论模型

西方经济学者对在制造企业分工过程中服务环节发展的问题投入了浓厚的兴趣。Gold（1981）认为在制造领域中迂回式分工使得生产环节逐步增加，并需求更多的劳动力填充到整个制造领域。因而，制造企业内部的模块分工不是垂直、纵向的分工，而是在同一水平面上的横向分工。在模块分工的基础上，把服务模块渗透在各个内部产品模块分工的环节中，引致服务模块的数量提升。实践中生产的集中性与消费需求在时空的分散性，更需要有服务模块的支持。没有服务模块的广泛渗透，现代社会化的大生产将不能以有效、持续、健康的方式运行。具有网络效应性的生产者服务业为社会化的大生产提供资金流、物流、商流、知识流、信息流，同时提供经营管理类的服务模块、销售服务模块、售后服务模块、物流网络服务模块、数据信息服务模块等等。这些服务模块在经济方式运行中扮演融通、衔接的重要角色，能够促进制造业向更高级的方向演进。

工业化不仅仅涉及的是微观企业内部分工问题，更多地是与整个中观层面上的产业相联系。本节以制造企业内部模块化分工为基础，对微观个体的“细胞”分析来隐射整个工业化运行的宏观层面。这种分析方式，在经济学领域里是极为常见的。因为在微观个体内部所呈现的特殊现象，对于整个产业内部的分工过程及服务模块活动而言，也都能够表现出相似的境况。服务模块的发展使得具有典型的分工、专业化、网络控制的产业——生产者服务业应运而生，其产值在不断地增加的同时，也形成了全球性的生产者服务网络，为全球性的制造网络提供相关的配套性服务，促进了全球工业化的迅速升级。本节在 JosephF. Franeois (1990)[37]模型的基础上进行扩展，来详细刻画制造企业内部模块分工与服务模块相互作用的过程，集中反映制造企业生产规模扩展之后内部模块分工所带来规模报酬的递增效应。

假设在一个制造业部门的经济体里，其内部是具有垄断竞争的。这个制造业部门的经济体里具有专业化生产的模块分工活动。假设在这样的制造企业里需要吸收一定数量的劳动力 T 来生产制造产品系列 p 中的一种产品 p_k，p_k 在生产过程中因模块分工的程度加深而具有报酬递增的效应。此外，在生产的过程中不同的技术及知识信息含量也表明了模块分工的程度不同。

设定一个能够区分模块分工的指标体系，当然这个指标体系既包括技术上的差异也包括知识信息的差异。为了简化分析，把这两者归于一个指标体系，用 f 来表示，$f=1$，…，f。同样，f 也可用来表示模块化分工活动的程度。本节把这个制造业部门的生产过程分为若干个模块。每个模块都将具有自己的分工属性，能够在统一规定的规则下独立完成制造产品的生产。那么，就生产一种产品的生产函数而言，可以表示成：

$$p_k = R_F \prod_{i=1}^{F} D_{ik}^{\alpha_{if}},$$

$$R_F = F^{\delta}, \delta > 1, \alpha_{if} = 1/f。$$

其中 D_{ik} 表明制造企业在生产产品种类 k 时需要吸纳一定的劳动力。劳动力本身的规模报酬在一般均衡状态下是不变的。企业内部具有模块分工，而专业化的分工将使得生产函数呈现递增。本节把这个递增效应看成是制造企业内部模块分工的结果，用 δ 来表示。为了使模型具有说服力，假设劳动力在模块化分工的过程中是均衡分配的。对于制造企业而言，那么生产产品需要参与的劳动力数量总和就为：

$$D_k = \sum_{i=1}^{F} D_{ik} = f^{1-\delta} p_k。$$

这些劳动力直接参与到制造产品的生产，成为制造产品模块中的直接劳动力。在制造企业中生产服务模块也需要劳动力，缺乏他们制造企业就不能创造出完整的产品，所以在服务模块中从事服务的间接劳动力将渗透于整个生产环节，为生产而服务，是制造产品模块中的间接劳动力。因而，制造企业内部的分工不仅仅体现在制造模块及服务模块上，更多地表现为劳动力在这两大模块内部就业的分工。从事服务模块的间接劳动力将参与到整个制造生产的过程中，利用专业化的优势协调并控制整个制造业，并随着制造业内部分工的扩展逐渐扩大。把服务模块的成本用函数表示如下：

$U_K = \gamma_0 f + \gamma_1 p_k$。

U_K是制造企业内部生产产品K所需要的服务模块中间接劳动力的人数，这也是制造企业内部服务模块所吸纳的劳动力，但是这部分的劳动力既包含通过模块分工进行控制与辅助的服务业劳动力人数，也包括随着制造企业的规模不断扩充而需要增加的服务模块内的劳动力。因而这部分的劳动力成本涵盖了两个层面。本书用γ_0表示因模块化分工服务模块所增加每单位服务的活动成本，而γ_1则表明因制造企业生产规模的扩大服务模块必须要增加的每单位服务的活动成本。在上述的式子中，由于直接及间接劳动力影响了制造企业内部模块分工及专业化的程度，它们的有效组合使制造企业生产规模得以扩展，我们用生产函数表示：

即 $p_k = \min[((U_k - \gamma_0 f)/\gamma_1),(R_f \prod_{i=1}^{F} D_{ik})]$，

对应的成本函数如下：$C(p_K) = [f^{1-\delta} p_k + \gamma_0 f + \gamma_1 p_k] w$。

成本函数是用来表示在制造企业内部通过模块化分工后所需要的成本，是劳动力数量与工资率的乘积。为了分析简化，假设制造企业内部所需要的劳动力都将保持在同一个工资率水平，并未因劳动力的能力、禀赋的质量上的区分而显示出差异。制造企业在产品模块及服务模块分工的过程中，最大化地考虑增加报酬，减少成本，实现最优的选择。当技术F指标不断调高，制造企业所需要服务的模块数量增加，间接劳动力的数量也大幅提高，而直接劳动力可能因为技术的革新会出现下降的趋势。对此制造企业可以调整制造模块及服务模块分工的程度来保证劳动力数量的均衡，因为服务模块的间接劳动力的劳动及产出在分工过

程中可以起到完全替代的作用，并非仅仅是制造模块活动的补充。因而，对上式的成本函数求最小值，进行求一阶偏导，然后令一阶偏导为零，近似地刻画由于外部技术的变革所引致制造企业内部劳动力的需求状况。

$$C'(p_K) = \{[f^{1-\delta}p_k + \gamma_0 f + \gamma_1 p_k]w\}',$$

$$F = [((\delta - 1)/\gamma_0)p_k]^{1/\delta}。$$

从此式可以看出，技术指标与产品的生产成正比，产品生产分工越复杂说明产品内的技术含量也越高。技术指标与每单位增加的服务活动成本是成反比的，这说明当制造企业生产规模扩大使得模块分工的程度逐渐加深，每单位扩展的边际服务成本会越高，会阻碍模块化分工的进一步扩大，也限制了企业内部专业化程度的增强。通过把上式合并到成本函数、生产函数及间接劳动力表达式中，可以分别得出：

$$C(p_k) = [(\delta - 1)^{1/\delta}\gamma_0^{1-1/\delta}(\delta/(\delta - 1))p_k^{1/\delta} + \gamma_1 p_k]w$$
$$= H(p_k)w,$$

$$D_k = ((\delta - 1)/\gamma_0)^{(1-\delta)/\delta}p_k^{1/\delta},$$

$$U_k = [\gamma_0((\delta - 1)/\gamma_0)^{1/\delta} + \gamma_1 p_k^{(1-\delta)/\delta}]p_k^{1/\delta}。$$

其中上两式分别代表制造企业模块化分工所需要的直接劳动力及间接劳动力，二者进行相比得出下式：

$$(U_K/D_k) = (\delta - 1) + \gamma_1 p_k^{1-1/\delta}((\delta - 1)/\gamma_0)^{1-1/\delta}。$$

此式反映了在模块化分工过程中，制造企业的制造产品模块及服务模块各自所需要的劳动力比例的关系，生产规模 p_k 将会影响的制造企业模块分工的程度、企业内部的成本及劳动力的数量与比例。因而，此式也可以从劳动力需求的角度来描绘制造企业内部模块分工程度，以及制造模块与服务模块劳动力的分配状况。

当生产规模不断扩张，制造企业模块分工程度的不断提高时，企业劳动力的需求数量是上升的，意味着企业从事服务模块的劳动力人数在增加，与从事制造模块的直接劳动力之比呈逐渐上升趋势。这说明在模块化程度 F 不断提高的过程中，企业内部的劳动生产率相对提高，产生了规模报酬，并进一步增加了对专业服务模块活动的需求。制造企业在市场中若处于垄断竞争的地位，内部的劳动力质量没有明显的差异，工资水平始终保持一致，产品的种类、价格也趋于均衡。因此在这个运行良好的制造部门内部，生产规模的扩张，引发模块化分工程度的加剧，导致制造模块与服务模块的分离与独立。随着规模的增大，服务模块的成本比制造模块的成本有更明显的上升趋势，且服务模块对系统内部的影响更大，这都说明制造企业规模报酬的递增对内部服务模块的需求是增加的，并且具有强烈的依赖性。

（二）经验实证

西方发达国家工业化发展过程在制造企业内部模块分工不断深化的基础上，实现了服务模块内部劳动力就业比重的增加，并表现为现代服务业部门的急速增长。Clark（1940）首次关注了服务业比重在国民经济中增加的现象。他发现劳动力在生产者服务业中的贡献比率是随着收入的增加而提高的。Summer（1985）同样也认为就业的分配比例与服务业产出的贡献有很大的关联度。按照 Kuznets 的观点：工业化的演进过程也就是经济增长与发展的过程。从 19 世纪初到 20 世纪二三十年代，三次产业革命的爆发促使西方发达国家迅速完成了传统式的工业化。在此期间，发达国家的国民生产总值有了高幅度的增长。在传统工业化的浪潮中，第一产业、第二产业的发展较为迅猛，服务业并未成为主要的支柱产业。到 20 世纪的 70 年代，世界工业化的发展进入发达的高级阶段，服务业的专业化发展远超第一产业、第二产业，表现出强劲发展势头（见表4－3）。

表4－3 英国在传统工业化期间三大产业及服务业分行业的产出比重 单位：%

年份	第一产业	工业	服务业	流通服务业	个人服务业	公共服务	房地产
1821	26.1	31.9	41.9	15.9	5.7	13.1	6.2
1831	23.4	34.4	42.2	17.3	5.7	11.6	6.5
1841	22	34.4	43.6	18.4	6	9.6	8.2
1851	20.3	34.3	45.3	18.7	5.2	11.3	8.1
1861	17.8	36.5	45.7	19.6	5.2	10.4	7.5
1871	14.2	38.1	47.8	22	5	8.9	7.6
1891	10.4	37.6	52.1	23	4.9	9.9	8.5
1901	8.6	38.4	53	22.5	5.5	9.6	8.1
1911	6.4	40.2	53.5	23.3	4.8	10.7	8.2
1921	4.2	40	55.8	29.8	3.4	11	6.4
1931	3.9	38	58.1	30.3	3.4	13.8	6.5
1941	6.2	44.9	48.7	24.7	2.1	19.2	2.7
1951	4.7	48.4	46.8	23.3	1.9	18.6	3.0

资料来源：卢中原：《世界产业结构变动趋势和我国的战略抉择》，人民出版社2009年版。

从上表可看出，在传统工业化期间，英国的服务业比重虽然在逐渐增加，但是与制造业的比重相比还是平分秋色的。从服务业的分行业产出比重中也可以看出，作为传统的流通服务业及公共服务在服务业的总类中占有很大的分量，而类似于生产者服务类的房地产等占有的比重较小，说明在传统工业化期间，英国还处于以工业及制造业为主的产业结构，服务业的比重有增加的趋势，但是并未成为国民经济的主导产业。因而，在劳动力的就业方面，服务业的就业比重在20世纪初到中叶一直是略低于制造业的，如表4－4所示。

表4－4 英国传统工业化期间三大产业及服务业分行业的就业比重 单位：%

年份	第一产业	制造业	服务业	商务流通服务	个人服务	公共服务
1821	30.1	30.7	33.3	12.1	12.7	8.5
1831	27.2	31.2	34.5	12.4	12.6	9.5
1841	24.3	31.7	37.2	14.2	14.5	8.5
1851	21.4	32.2	35.5	15.8	13	6.7
1861	18.5	32.7	37.5	16.6	14.3	6.9
1871	15.6	33.2	41.7	19.6	15.3	6.8
1891	12.6	43.5	44	21.3	15.4	7.3
1901	10.5	43.9	45.5	22.6	15.8	7.1
1911	8.7	46.3	45.1	21.4	14.1	9.6
1921	8.3	46.4	45.3	21.5	13.9	9.9
1931	7.1	47.6	45.3	20.3	16.9	18.1
1941	6	45.3	48.7	22.7	17.7	18.3
1951	5	49.1	45.9	21.8	21.2	21.9

资料来源：卢中原：《世界产业结构变动趋势和我国的战略抉择》，人民出版社2009年版。

在传统工业化期间，英国的服务业主要还是传统的，以公共政府服务、商务流通服务及个人服务为主导的服务业结构，其演进的趋势并不明显。政府的公共服务在传统工业化期间发挥的作用较大，注重的是社会福利的分配。具有生产性特征的商务流通服务比重在逐渐增加，但并没有突出的优势。

在服务型工业化期间，现代服务业的重要作用就已经体现出来，服务业结构演进的趋势也越发明显。20世纪中后叶，现代服务业占有非常重要的地位，无论是在三大产业的产值贡献方面还是就业贡献方面，都具有很强的优势。现代服务业中为生产者服务的比重也逐渐增加，而且增加的幅度较大，这充分说明了具有生产性特征的服务业与第二产业之间的密切关系。现代服务业的种类随着服务业的发展也变得越来越多样化。金融、物流、商业等生产者服务业的增长极为迅速，成为英国现代服务业最主要的核心部门，也是英国在现代工业化期间最主要的发展动力。从发展的趋势来看，英国的金融业的增加值在服务业中的比例是最大的，占有60%以上。在1977年到2001年之间，英国生产者服务业的增值速度较快，其中金融、物流、商业等具有生产性质的服务业的总比重在逐渐上升，如表4－5所示。

表4－5　英国在服务型工业化期间三大产业及现代服务业分行业的产出比重

单位：%

年份	第一产业	工业	现代服务业	运输、仓储、通讯	金融保险、不动产、产业服务	商业、旅馆、饭店	社会团体和个人服务	政府服务
1977	5.39	40.14	54.47	10.2	29.5	24.6	7.5	27.9
1980	5.46	39.63	54.90	10.6	29.3	23.9	8.4	27.6
1983	4.72	37.11	58.17	10.8	31	23.1	8.5	26.4
1986	4.85	35.90	59.26	11.7	31.2	22.8	8.8	25.4
1989	4.45	34.97	60.58	12.1	29.8	22.8	9.4	25.7
1992	4.05	33.81	62.14	11.7	29.9	21.9	9.8	26.4
1995	4.01	33.66	62.32	12.3	30.4	21.2	9.6	26.3
1998	3.47	32.81	63.71	9.4	32	19.8	10.6	28.2
2001	2.4	26.6	71.0	6.9	33.7	18.5	11.3	29.6

资料来源：根据《国际统计年鉴》1995～2008年的英国数据计算所得，中国统计出版社。

在此期间，英国生产者服务业的吸收就业的比重一直保持稳定上升的局势。到2007年，英国的金融业就业人数达到107万人，占英国总就业人数的比重达到了4%。生产者服务业总体的就业比重占整个服务行业的70%以上（见表4-6）[38]。

表4-6 英国在服务型工业化期间三大产业及现代服务业分行业的就业人数

单位：万人

年份	总就业人数	制造业	商业、旅馆、饭店	运输、仓储、通讯	金融保险、不动产、产业服务	社会团体和个人服务
1977	2039.4	567	323.3	111.3	95.4	412.1
1980	2093.9	589.2	345.1	113.1	111.5	444.3
1983	2110	593.8	348.5	117	116.1	456.4
1986	2120.2	572	334.1	129.4	142.5	518.2
1989	2115.4	513.4	347.4	136.9	163	583.9
1992	2083.8	578.5	347.3	117.6	120.6	460.6
1995	2102.7	574	331	127.1	136.5	502.1
1998	2163.1	470.3	354.6	136.7	193.1	679.6
2001	2228.5	449.4	370.6	141.5	227.1	740.3

资料来源：根据《国际统计年鉴》1995～2008年的英国数据计算所得，中国统计出版社。

此外，欧盟统计局2004年的报告也显示：英国服务业研发规模从17.5亿欧元上升到了38亿欧元，年平均增长率高达17%左右。在英国众多的科技开发企业当中，从事服务活动的人员几乎达到员工总数的50%，从事研发活动的占45%，而从事直接制造活动的仅占5%。随着信息技术的广泛应用，英国企业的生产规模不断扩展，生产性质服务业比重的逐渐增大，制造企业进一步增加对专业服务模块的需求，促发了企业内部服务与制造活动的分离，使得英国现代工业化的服务型特征更为明显。

4.4 本章小结

本章主要阐述了服务型工业化的微观表现形式，在模块分工这个视角下分析现代服务型工业化过程中主导的生产方式。企业是工业化生产方式的主体，大规模定制的生产过程的核心在于模块化，而信息与知识则是现代生产方式主要的物质基础。因而，本章的逻辑结构是从分析信息与知识这两大生产要素入手，在此基础上对服务型工业化的生产方式进行深入分析，通过建立数理方程和发达国家的经验论证了制造企业内部制造与服务两大功能的模块分工能使企业的规模报酬递增。本章认为以模块化为核心的大规模定制的生产方式标志着现代工业化的服务型特征，当制造企业内部模块分工程度提高时，从事制造模块的劳动力人数将减少，并不断转移到服务模块中，也迫使企业不断增加对服务模块的需求。微观层面上制造企业的内部分工会导致其服务模块功能的强大，在服务型工业化过程中的体现就是生产者服务业逐渐脱离制造业，呈现出服务业比重逐渐上升的发展趋势。

5 产业价值链的解构与重构：服务型工业化的运行机理

5.1 模块分工在工业领域的发展三阶段

5.1.1 在技术方面的广泛应用

20世纪初模块化作为技术的理念就应用于机械设计行业中。之所以没有成为占主导地位的技术，是因为它受到多方面的限制，比如技术的不成熟、材料的制约等等。直到第三次产业革命浪潮的来袭，才使技术模块在信息领域中得以广泛传播。IBM公司在1964左右推出了第一台模块型电脑，这预示着技术模块化的方法应用于电脑产业，在电子行业生产流程中体现出模块化的特性。

技术模块化主要是以信息技术为基础，对信息进行编码，再实行分类处理。通过技术的模块化，改变电子产业的生产流程，把其分解为不同功能的完整的子模块。技术模块化在电子产业的应用，打破了传统大规模生产的流水线方式，引发制造系统内部生产方式的变革。传统的生产过程及各个环节诸如研发设计、销售及服务等都集中在一个企业。但是技术模块化把整个生产过程分成了若干个系统，不同的模块供应商（可以是一个企业，或是出于成本等方面因素的考虑，由外部不同企业来承担模块供应商的职能）来承担各自的独立活动，最后再按照标准的界面及顾客的需求进行组装。

技术模块化的思想迅速地在电子产业内部实现传播，并不断渗透到其他相关产业，乃至于整个产业的结构都发生了本质的改变。从技术模块化的实践来看，早在20世纪50年代末期，国外就开始对产品的技术模块化进行研究。当时的技术模块化一般仅适用于设计同类型产品，而不能适应不同类型产品设计的需要。20世纪80年代以后，由于CAD技术以及成组技术等各种新技术的出现，推动了模块化在技术层面的发展，使其应用的范围更广，应用的程度更深[39]。纵观模块分工在技术方面的发展，模块化由生产技术层面上升到了产品制造的运作实践中。

5.1.2 在产品方面的应用

模块化发展的第二个阶段是产品模块化的阶段。产品的模块化分解与产品自身的零配件有很大的区别。零配件是社会劳动线性分工的结果，零配件之间的关系相当于电路中的“串联”，而产品的模块化分工则是网络型、立体型的劳动分工，模块与模块之间是“并联”共存，相对独立，实现了模块供应商的充分自主权[40]。胡晓鹏（2007）以“动因—机理—创新”为主线，把产品模块化问题从这三个视角进行拓展。他认为产品模块化是工业社会与信息社会的产物，建立在分工与专业化基础之上，突出了成本与效率，满足了顾客的个性化需求。其他学者通过对产品模块化及技术模块化进行比较，设计出一系列的评价方法。

产品模块化的应用度非常广泛，开始在能模块化的一些行业中发展，后来大部分产业基本上都有所涉及。由于模块具有独立功能，具有一致的几何连接接口和一致的输入、输出接口的单元，同时相同种类的模块在产品族中可以重用和互换，因此通过相关模块的排列组合就可以形成最终的产品。通过产品模块化，可以迅速地创建不同需求的产品，满足客户的定制需求。现代企业以模块化来定制产品，并对产品进行分类，设计出众多的基本模块，有针对性地把模块进行自由组合，在共同的标准下，产品的性能、绩效均实现了最优的动态配置。

5.1.3 在产业领域中的应用

（一）产业模块化的本质是产业链模块化

从技术模块化上升到产品的模块化，最后到产业模块化，是一个从微观层面到宏观层面传导的过程。转变与传导基本上是处于一个时期的，因为从技术模块过渡到产业模块化并非是时间的延续，更多的是在空间内的并存。产业模块化改变了原有的产业组织形态，使得市场结构逐渐优化，市场与生产都相对分散，改变主导产业的垄断式格局，加速了产业之间的竞争、重组与并购。企业的边界在模块化时代下重新调整，由过去的当面竞争转变为内部的设计规则黑箱中的竞争。在市场上的多样化需求能力的推动下，生产个性化的产品是产业发展的基本趋势，而产业标准化不能满足这一要求。对此，模块化的产生能够改变产品的价值，使得消费者多样化的需求与产品的价值增值能力都能得到充分的满足。

产业模块化所带来的经济效应已不能忽视。产业模块化实质上就是产业链模块化。对产业的影响势必波及产业链，产业链作为产业之间的联系，体现的是企业上下游之间产品的关联，模块化影响了产品的设计和生产，必将对产业链产生重大的影响。而产业链本身也是一个集产品链、信息链及功能链为一体的链条。Steven（1989）认为产业链是由承担不同职能诸如供应商、制造商、分销商等联系在一起的系统，其中贯穿着反馈的物流及信息流，在产业链中也将存在着反馈的过程。模块化的时代，也改变了产业链的形态。胡晓鹏（2005）认为产业模块化就是将产业链中的每一个生产工序按既定的模块进行调整与分割。产业模块化从产业链模块化角度涵盖着三个层面：产品的模块化、生产的模块化及组织系统的模块化。产业模块化把产品体系细分为企业各个内部的模块，设计一套统一的接口标准来保证实施，在这个标准下能够确保模块之间互相替代、任意组装、兼容，使产业体系逐渐柔性化，在产业链条上也将体现出灵活的多样化效应。产业模块化的形成具有一定的驱动因素，胡晓鹏在 Schiling 与 Steensma（1995）基础上提出了产业模块化形成的动力模型，形成了对产业模块化问题的一般分析框架，如图 5－1 所示。

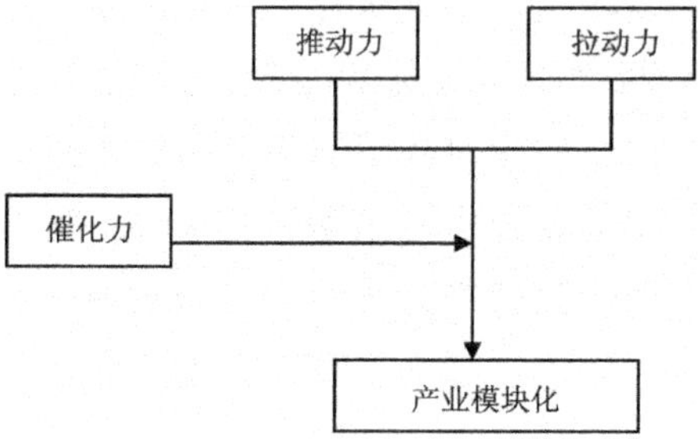

图 5－1　产业模块化形成的动力模型

资料来源：胡晓鹏：《模块化整合标准化：产业模块化研究》，《中国工业经济》[J]，2005（9）。

催化力主要体现的是技术与竞争方面，拉动力来自于变化多端的需求，推动力是应对市场的需求多样性导致的企业能力及投入品选择的多样性。这三股力量促发了产业模块化的形成。具体来看，需求的多样性和投入品的多样性会自发地促进模块化整合，但由于维持产业经济秩序的技术标准的客观存在，主导企业往往会通过控制产业标准保持自己在产业价值链的高端领域。作为既得利益者以及受到组织惯性的作用，它们很可能成为阻碍模块化的主要力量。事实上，推动产业模块化的重要环节来自于产业的外部环境——顾客的需求，因而顾客的期望值内在于企业产品系统的价值模块，提高产品中的价值模块的含量是推动产业模块化形成的主要因素。

推动产业模块化有两种重要的意义。一方面产业内的企业希望通过价值系统模块化整合的方式提高产品的价值含量，客观上加速了产品模块化的形成。另一方面企业为了获得持续的创新能力，产业组织也呈现出向模块化组织结构演进的趋势。产业组织的柔性化程度将会不断提高，产业内部的竞争强度越大，企业也越愿意采取柔性化的模块化组织来取得模块化价值。

（二）产业链在价值层面上的模块化表现

在20世纪70年代至90年代间，随着企业间纵向及横向的整合，价值链模块化也开始出现。这期间出现了两种企业类型。一类是由核心厂商主导的关注企业核心竞争优势的网络，特别是产品的创新、品牌开拓、市场营销渠道以及最终产品的集成。此类企业通过将其非核心功能分包给专业的供应商，核心厂商则从产品创新中创造更多的价值，且把风险转嫁给不稳定的市场。值得一提的是美国的电子产业，目前正在控制着电子价值创新的轨迹，在互联网和电子商务方面几乎占据着全部的利润。另一类是供应商（turn - key），主要集中在销售、生产制造以及价值链上有关核心厂商外包的相关业务。它们拥有一定程度较“通用的”制造能力，以使它们能够在环境条件发生变化时，能够被核心厂商非常轻松地调度，为它们提供一定范围的服务，由于其专业化的同时又具有柔性，可以不只是为一个或几个核心企业提供服务，供应商所提供的各种服务一般可能是核心厂商与它们保持短期内部联系的项目，为此减少了彼此之间机会主义“要挟”的可能。从价值分配来看，由于核心厂商取得了链主的地位而起到了产品平台的作用，一般位于价值链的高价值区，而提供服务的供应商则一般从事低价值的制造、组装。价值链上游如产品研发设计，下游如市场渠道开拓，而中游如制造甚至是组装。在这样的价值链的价值分配格局下，各种形式的外包服务给核心厂商提供了垂直分解的动力，同时也培育了价值链上一部分供应商企业的成长环境。并且，这种网络的辐射形式存在于相互联系的企业内部。

经过知识编码、信息加工的产品和业务流程的专业化，减少了资产专用性、提高了产品的替代能力，并且使得供应商和链主企业的地位处于变化中，价值链也得到了系统升级。由于资源禀赋以及资源配置的客观要求，这样就逐渐形成了在世界不同地区建立全球生产网络的必要和可能，以取代过去以区域聚居的空间临近和社会关系的紧密联系的关系网络，最终使利润分配格局逐渐在发达国家和不发达国家之间进行新的平衡，同时实现了技术扩散的外溢效应。现实的经典案例非常多，如电子产业，以中国珠三角组装 MP3 音乐播放器为例，核心元器件在美国、韩国研发，在中国组装，然后再销往美国、韩国等。价值链的利润分配格局为：上游、下游可以获得 93%，而从事制造和组装的中国企业只占到7%左右[41]。这种价值的分配情况一方面说明了产品模块化过程中那些链主企业保持技术、知识领先的重要作用，另一方面也说明了在整个价值链的价值分配过程中，低端价值环节具有急切提升自己地位的压力和动力，这为促进价值模块化向价值模块网络发展提供了战略选择的坚强后盾。

随着产品的技术模块化以及价值链模块化的发展，全球产业价值链的模块化也迅速发展起来。企业模块化战略的实施，整体产品的交易在市场中被分割成多个不同商家行为的集合，自然形成的核心厂商或规则设计商、专用模块供应商和通用模块供应商虽然都在致力于统一整体产品的市场供应活动，但在市场竞争的格局中其地位并不是均等的。核心厂商的市场结构往往是寡头垄断的或带有垄断竞争性质，模块供应商的市场结构则是完全竞争。收益格局不均现象很自然地共同地发生着，最终形成了互补性的模块化市场结构，不同的交易规则、不同的组织间界面规则混杂在一起。

随着技术模块化的演进，技术创新的速度也随之加快。原有旗舰组织的领导平台地位不仅受到冲击，重要的是其时间、地域等时空约束大大缩小，产业价值链增长，全球价值链体系不断成为带有垄断势力的经济主导，为其他国家、地区的谈判地位低下的中小供应商、配件商、零售商等加入全球价值链提供了便利。因而，跨越国际贸易障碍的客观要求不断增加，如中国要求加入WTO、欧盟经济共同体建立就是典型的例证。促成全球网络的产品模块化、价值链模块化的现象表明，任何一个企业都以开放的系统观审视全球的价值资源，将本身融于其中。任何一个企业组织都专注于更加精细的专业化链条，通过分工专业化、技术标准化实现功能模块化、链条标准化，被全球的价值模块网络所接受。

5.2 产业价值链模块的延伸与重组

工业化的过程本身就是一个专业化分工的过程，而模块化分工不仅仅是专业化分工，更突出了现代信息资源的共享。服务型工业化以模块分工为基础，将信息、知识等现代生产要素在产业链的价值层面中发挥出来，并形成了制造业与服务业价值链相互融合的状态。

5.2.1 产业价值链演进三形态

对价值链首先有比较系统性认知的是美国学者波特，他首先对价值链做了全面的分析，提炼出价值链的概念，并用钻石理论来解释价值链的深刻含义。但事实上，价值链早在世界工业化的初期就已被众多学者重视。他们普遍认为，价值链是伴随着工业化与市场化同时出现的产物，并把产业链的形态演进分为三个阶段，即The Pre – Chandlerian Value Chain（前钱德勒价值链形态）、The C handlerian V alue C hain（钱德勒价值链形态）及Post – C handlerian V alue C hain（后钱德勒价值链形态）[42]。

在前钱德勒价值链时代，工业化没有完全得到技术的支撑，市场及资源的协调能力都很薄弱，生产与制造在价值链环节中并非处于重要角色，而是由价值链环的中间商承担着整个价值链的重要职能。中间商所起的作用非常明显，需要具备多方面的信息，发展对外贸易，实现专业化的生产及组织协调，从小企业逐渐向垄断的大企业组织实现了价值链形态的转变。曾有学者认为这种能够在竞争中自我调节并逐渐由专业化经济形成的中间商组织是一种关系网络，能够体现价格机制及所处的社会关系，是价值链形态的一种，价值链的这种形态是需要企业组织进行调节的。卡尔·博兰尼（Karl Polanyi）通过对经济自由主义起源的考察，指出19世纪以前的市场调节具有"场所"和"规则"并重的双重内涵。由于当时交易技术落后，整个社会的组织方式基本上都由那些具有一定知识、信息、技术的中间商支配，他们将一定文化、习俗等交换"规则"内化到交换"场所"中，从而配置资源、决定生产的数量和交易的价格。所以，当时的生产性企业表现为规模较小、彼此之间信息不对称、对市场的适应能力较差（Lacher，1999）。

如果依据产业革命的划分，那么在第二次产业革命所呈现出的价值链形态是典型的钱德勒价值链形态（The Chandlerian Value Chain）。技术的进步带动了经济的迅速增长，企业在新技术的推动下，进入了工业的大规模经济时代。这个时代也是工业化迅速发展的时代，机器大工业使工业生产把所有的环节都集中在一个企业内部，包括设计阶段、生产阶段及销售阶段这三大主要环节。大规模的生产方式使企业重新掌握了自主权，使得原先处于中间商组织的显赫角色难以发挥作用，其数量因不能适应现代的企业的运行方式而逐渐减少，市场上的交易活动也逐渐被企业所垄断。价值链一体化是当时价值链的主要形式，企业通过大规模的扩大生产领域来降低有效的成本，应对企业外部变动的复杂信息。由大企业所决定其地理位置及外围边界。因而，从某种方式来看这种价值链实质是波特的价值链形式。电子信息技术的高速发展使得企业内部的分工出现了分化，综合化的企业逐渐出现内部分工，专门分离出一部分的子企业做外包，实现资本密集型向信息技术、知识密集型的专业化公司转型。而综合化的企业也因专业化外包的企业成本低、交易费用优惠等因素而选择把部分的业务外包出去，实现生产成本节省的最优。这样原先价值链是垂直一体化的企业出现了分离与解体，价值链的边界变得更为模糊和松散，价值链呈模块化组织分工。

在第三次产业革命的影响下，出现了后钱德勒价值链形态（Post－C handlerian Value Chain）。该价值链形态主要体现了信息技术的深刻变革下，价值链的网络状发展趋势，在网络状价值链中不同的节点分布着模块化的组织，分别承担着能够实现整个价值链的报酬递增。此时的价值链形态出现了多样化的特征，除了典型的价值网，还有虚拟价值链及价值链的边界从企业扩张到了产业层面甚至是全球层面。信息技术的变革把生产资本密集型的大规模生产的线性分工，改变为模块化分工，实现了企业的范围经济。尽管模块化的原理最早是应用在电脑、计算机技术之中，但是其方法迅速地改变了众多产品结构及设计理念，因而迅速在产业领域中传播，实现产业革命的变革。价值链形态向边界扩散，通过知识、信息的整合形成了物质、交易及知识价值链的立体的后钱德勒价值链形态。这种以模块化为特征的价值链系统的特征在于：在价值链的各个环节上实现企业的松散耦合，实现价值的转移，通过企业之间的动态联盟，充分地满足信息与资源的互动。企业与市场融合度不断提升，市场的厚度也随着交易的增多而增加。

波特（1995）认为不论在工业经济时代还是后工业经济时代，国家与地区的竞争力通过生产链条的布局及价值的分工来体现，在不同的生产环节上都将实现价值的创造。价值链的各个环节都对企业的生产管理创造利润，在原材料的获取、运输、生产、售后、服务等活动中，都需要投入信息、技术、管理、人力资源等作为支撑。这些活动的分工问题在工业化运行的系统中显得尤为重要。波特对价值链的分工分析，实质上在中观层面体现了产业价值链的分工问题。因为在实践中，产业链实质上也进行了专业化分工，这种分工是基于模块化的网络功能的立体式分工。在价值链的形态演变的基础上，产业链形态的演变也经历了类似的过程。模块化产业链将实现从传统的转变，也是产业链实现一体化及分解的过程。国内学者芮明杰（2006）认为模块化的产业链与传统的产业链之间的根本区别在于以下几个方面，如表 5－1 所示。

表 5－1　模块化的产业链与传统的产业链的区分

区别	模块化产业链	传统产业链
分工方式	功能性的知识分工	依据产品的工艺性质分工
产业链形态	网络状、立体式的产业联系	纵向一体化的产业关联
关联方式	知识、信息、虚拟	有形产品
整合方式	舵手契约式整合	资产关联式整合
整合主体	知识实力者	资本实力者

资料来源：参照芮明杰：《论产业链整合》，复旦大学出版社 2006 年版，由笔者进行整理绘制。

企业之间的价值链可以通过节点不同扩大，形成价值体系（value system）。产业价值链在上下游关联的企业中存在。在一个产业中实现价值链，包括产品生产线中的各个单元之间的运营、特征、地理位置的区别而实现不同的产业层级的价值链。对产业层面价值链的解构与重构问题研究，实质上就是对工业化的服务化趋势的形成与实现机制进行研究。产业价值链是在产业的架构下对其价值系统进行设计，组织各个企业的价值活动。对于当前的制造与现代服务的产业融合实际上就是产业链价值系统内自组织作用的过程（见图 5－2）。

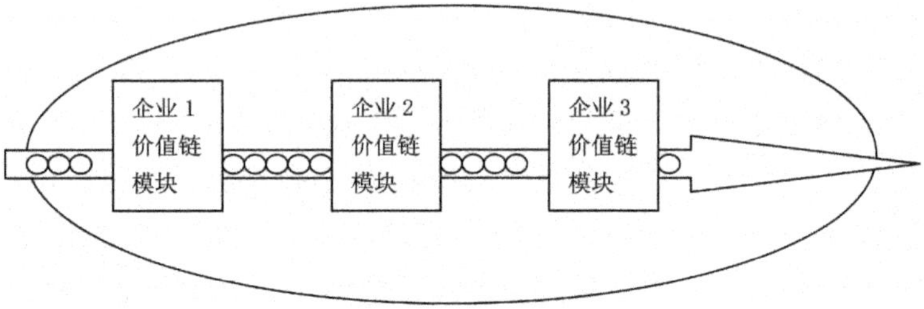

图 5－2 产业价值链内部企业之间的关系

资料来源：笔者绘制。

作为价值链上的价值组织形式的动态体系，产业价值链具有价值创造的属性。通过产业链价值模块层面的分析，能够有效地解释工业化的服务型特征，也进而描绘了服务型工业化的大系统内部的微观运行机制。产业链作为产业不断分化而形成的上下游之间及水平的关联，在现代经济体系及价值链形态的影响下，其价值模块的作用会促发网络状产业链的形成，并分布在全球各地。因而，世界工业化的发展趋势，是由这些微观的层面不断演变，相互作用之后所形成的信息化、生态化、服务化的新态势。

在一条产业链中，各个企业依据价值进行活动，通过发现并创造价值的增值效应，提升产业链环节中的链环上的竞争优势。产业价值链的模块化分析，实质上就是解释融合型新产业价值链形成的过程，进而也充分说明了制造与服务产业融合的过程，而这本身就是服务型工业化的主要内容之一。产业价值链的模块化是把完整的产业链的价值进行模块化的分工，形成了类似于范围经济的效应。模块化的产业链分工的各自环节中创造的价值总和将小于整个产业链创造的价值。用形象的数学表达式，可以具体地描述：令产业链的整个价值为 V_t，在每个环节的链环模块中

假设其创造 V_1、V_2、V_3、V_4、…、V_n、V_{n+1}、…、V_{nn}，因而：$V_t > \sum(V_1 + V_2 + V_3 + V_4 + \cdots + V_n + V_{n+1} + \cdots + V_{nn})$ [43]。

一个完整的产业价值链可划分为三个大的分工环节，即原材料的供应—中间产品的生产—最终品的生产，进而细分为研发设计价值模块、采购价值模块、运输价值模块、生产价值模块、组装价值模块、销售价值模块及服务价值模块七大实现价值创造的环节。这七大环节分别是处于产业价值链上不可或缺的部分，通过在这些环节上进行具有战略方式的价值创造，实现整体产业的利润。本书以价值链的"微笑曲线"为模板，把产业价值链的模块组合系统地进行细致刻画，如图 5 - 3 所示。

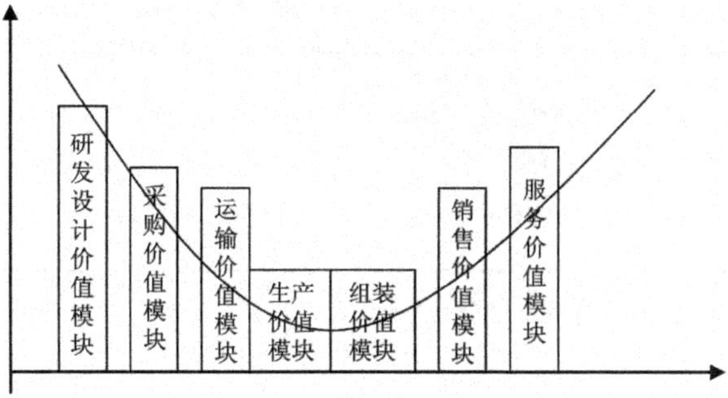

图 5 - 3　产业价值链的模块系统

资料来源：笔者绘制。

5.2.2 产业链模块化在价值层面上的延伸

分析服务型工业化的内在形成机制，就是对工业化系统的产业及其关系的问题进行深层次地剖析。而产业之间的关系必将由其本身的价值来衡量，把产业在价值链层面上的价值发现与再创造的过程分析透彻，才能充分理解产业在价值链模块中服务活动的突出贡献。产业内部的各个企业的价值活动及其相互关系形成有序的价值链条，实现的总体价值远超出各个企业的价值之和。在以信息技术发展为标志的高新技术发展之后，产业特征发生了巨大的变化，如表5－2所示。

表5－2 信息技术革命视角下产业的演进特征

特征	传统产业	新兴产业
技术层面	规模经济 刚性生产 大批量式生产 产品的标准化、专业化 成本高、交易费用高 大型的工作间	范围经济 柔性生产 动态系统生产 产品的模块化、个性化 成本低、交易费用低 分散式的加工、组装
管理层面	集中管理、非人性化 存货管理 以组织为核心	管理方式分散化、突出人本化管理 较少的库存、定制生产 以战略、功能为核心

资料来源：笔者根据相关资料绘制。

信息革命对世界工业化的影响极为深刻，更多的发达国家、新兴工业化国家及发展中国家的工业化实践都将充分展示出工业（制造业）的模块化分工的逐渐细密、产业的高度分化、产业的边界模糊，以及产业之间的互相融合。而产业融合也已成为第三次产业革命后产业发展的新范式，产业之间在信息化的作用下日益渗透，使产业链与价值链之间发生迁移，实现多个产业的产业链在价值环节上的重新组合。产业的价值链系统包括三大产业，即农业价值链系统、制造业价值链系统及服务业价值链系统。本书拟分析制造业价值链系统及信息技术革命之后的现代服务业价值链系统之间的融合关系（见图5－4）。

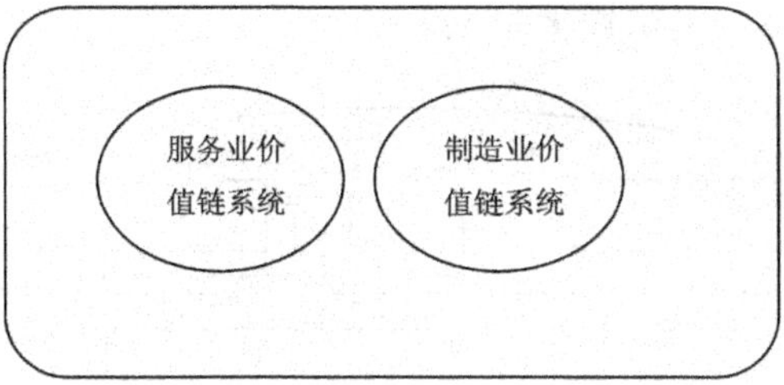

图 5－4 制造与现代服务业的价值链系统

资料来源：笔者绘制。

现代服务业的价值链系统将实现制造业价值系统的融合，融合的方式首先体现在自身产业价值链模块的延伸及重组的过程中。其具体表现在以下几个方面：

（一）制造业价值链模块的延伸

在现代信息技术的推动下，传统的制造业产业链已经从过去的产业内部垂直一体化逐渐改变为产业价值链模块水平延伸。其主要方式是制造业将价值链模块不断扩展，获取更多的物流、信息流、商流以及现金流，形成产业内企业之间的协同优势，扩充市场，来创造更多的价值。制造业价值链模块的延伸，不断丰富了上游与下游的关系，使经济活动呈现多元化，加强资源之间的相互依赖性。价值与资源之间能够延伸与互动，进而获得更多的利润。制造业价值链模块的延伸方式主要有三种：第一种是纵向延伸，如图 5－5 所示。

第一种纵向延伸，就是在制造业价值链的各个模块上，实现模块的纵向扩展。比如制造企业为研发设计不断扩充的服务模块，或在价值链的其他模块中连接销售模块和生产模块。这些模块由其他企业来提供，扩展自身的模块范围，其他企业只要保证模块的内部准则，保证界面一致，接口规则相通就可以为在价值链的各个链环中提供需要的模块。

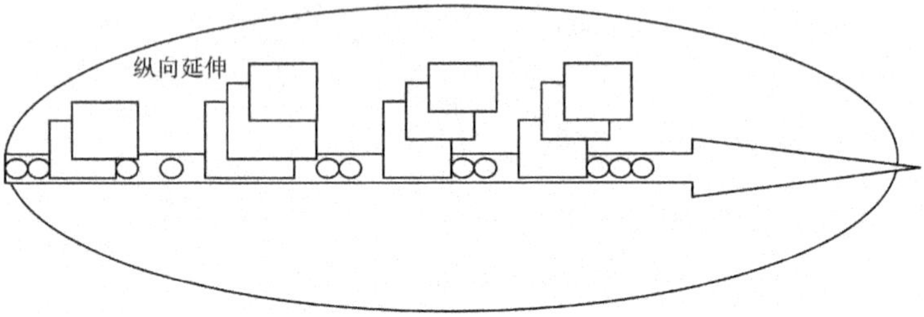

图 5－5 制造业价值链模块的纵向延伸

资料来源：笔者绘制。

第二种是波及延伸，如图 5－6 所示。

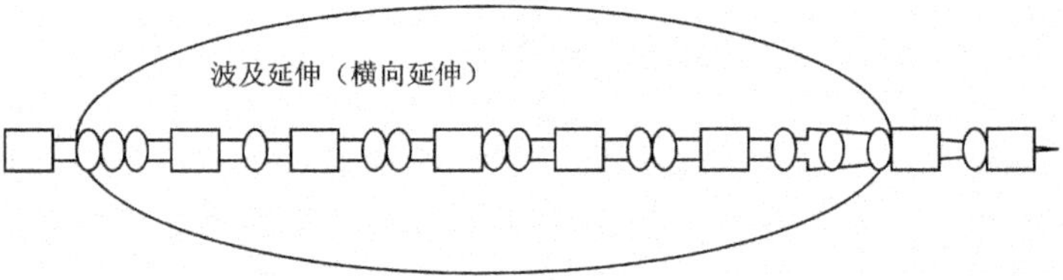

图 5－6 制造业价值链模块的横向延伸

资料来源：笔者绘制。

第二种波及延伸的含义在于在使整个价值链的链条不断扩充，通过增加价值链的模块数量，进而延长整个价值链的长度。这主要表现在价值链的两端上，比如在价值链的服务模块之后又增加一些售后服务的模块，而且还外包给其他企业来完成产品出售之后的养护、租赁等服务，以增加现有的服务内容，提高服务水平，创造制造业整体价值链的附加值，拓宽了价值链的下游环节。

第三种是交叉延伸，如图 5－7 所示。

第三种交叉延伸体现了多种模块在价值链上的整合。比如在

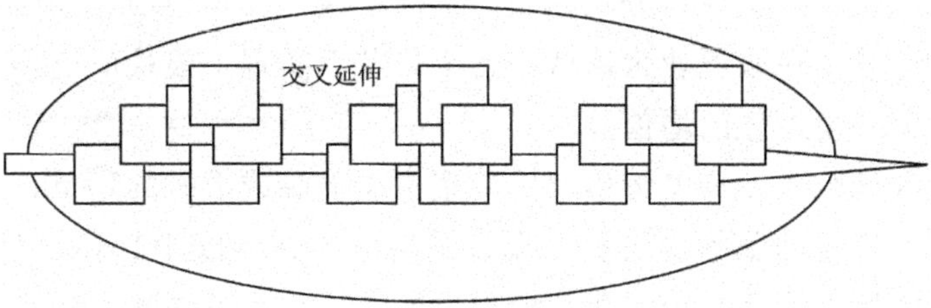

图 5－7 制造业价值链模块的交叉延伸

资料来源：笔者绘制。

制造企业价值链中，生产产品环节的制造模块与组装模块都由一家企业来提供。而这家承担着制作与组装模块的企业把其中的一些工序环节再外包给其他企业，就实现了模块的交叉延伸。在工业化较发达的国家，这三种情况可能在一条制造业产业价值链中同时体现。

（二）现代服务业产业链模块延伸

现代服务业的价值链通过延伸制造模块或生产模块的边界，实现服务业的价值链与农业价值链及制造业价值链的融合。理论上说，服务业价值链的模块延伸包括制造业价值链延伸的三种方式，即纵向延伸、波及延伸及交叉延伸。但两者之间的运行内容是有所区别的。一条完整的服务业价值链，包括内外部后勤、生产、营销等模块。服务业价值链模块的延伸不仅仅实现了在链条上的延伸，更模糊了模块之间的边界。

在纵向延伸方式中，服务企业处生产阶段中的模块向采购模块等纵向延伸。而在交叉延伸或波及延伸中，服务模块内部实现向制造模块的扩展，形成服务业的制造化。因而如何延伸服务生产模块是服务业制造化的一个最主要的内容。许多大型的服务公司，把众多服务模块引入，实现超越传统意义上服务内容，包括金融保险服务模块、分销模块、维修模块、安装模块、经营服务模块等等，在服务业价值链的各个环节上实现了模块的延伸，保证价值的附加值的增值。

现代服务业价值链模块主要集中于上游或下游的环节，并不断向价值链的服务模块扩张靠近或集中。在实践中具体表现为，服务模块并非是一个服务企业提供的，而是由不同的服务企业形成跨国公司，呈现出“倒金字塔”[44]型的模块化组织，来成为服务的最终提供者，实现现代服务业价值链中由核心模块引导的其他模块共同实现价值链的利润升值空间。服务企业提供服务模块、生产模块是在不断地向内部其他相关模块延伸中完成的。通过客户与模块内部成员的交流，定制相应的服务产品，在顾客与服务提供模块的内部成员的沟通过程中体现了服务业的基本特性，使得服务业的价值链活动越发突出。而现实中的现代服务业诸如金融保险业、咨询业即医疗服务业都不同程度地扩张了服务生产模块、服务活动模块及服务营销模块，实现了资源的最优配置。

5.2.3 产业链模块化在价值层面上重组

制造业价值链及现代服务业价值链的产业重组是通过价值链的重新整合，形成新的价值通道，构成融合型产业。这种类型的产业价值链是通过解散制造业价值链，把在混沌状态的价值链条中的一些比较能够体现核心价值的模块提取出来，形成一条新的价值链。

产业链模块化重组并没有改变制造业或是服务业的核心价值模块，但是形成了新的融合型产业价值链，从而实现了产业重组的升级。举一个简单的例子，在现代服务业价值链中，电信及传媒产业都体现了现代服务业价值模块的创造过程。在现代服务业价值链内部的各个产业进行重组时，都将把原有产业价值链打破，提取出各自产业中一些的独立模块，对产业价值链内部模块进行创建，并在此基础上重新构建出一条新的融合型产业价值链，实现不同属性的产业价值链模块在价值层面上的重组。

5.2.4 产业价值链模块延伸及重组效应的综合分析

一般而言，不论是制造业价值链还是现代服务业价值链，产业价值链模块延伸及重组都是通过提供满足消费者需要的效用系统模块的集合，实现价值在整个产业链上的价值转移与创造，进而把一些具有核心模块的产业链价值进行整合，持续地对产业链价值系统进行设计或重新设计。而本身内部的模块延伸及重组都具有一定的综合效应。主要表现在以下几个方面：

（1）具有巨大的模块链接效应。产业价值链能够实现产业的动态发展。传统的垂直一体化的产业价值链在现代经济体系下已不能满足市场及消费者的需求。而产业价值链的模块化可以实现多样化的终端客户需求，使产业价值链根据市场的状态来实现模块的延伸与重组，一些在产业内部价值链上游、下游的企业必须寻求更多的模块合作商，来提供顾客定制的产品。因而产业价值链模块出现了横向、纵向延伸及波及延伸，增加了在价值链环节上的供应模块，剔除了传统意义上的纵向产业价值链，实现了在传递过程中规模的扩展。只有充分依托产业价值链的模块链接功能，以重组后形成新的产业价值链，才能把模块之间的链接吸纳效应发挥最大。

（2）体现了范围经济与增值效应。产业价值链模块的延伸与重组使内部企业的交易成本逐步下降，把信息流、资金流及物流从产业价值链的上游向下游转移，把价值模块进行重新整合。因而，在价值模块不断延伸与重组的过程中，产业价值链的运行效率将不断提升，实现了价值增值效应。和传统产业未实现延伸与重组的价值链相比较，产业价值链模块的延伸与重组实现了范围经济。为了更加具体形象性地表述这种经济现象，我们分析一条产业价值链，这条产业价值链可以是制造业价值链，也可是服务业价值链。首先假设产业价值链分工之后并未实现延伸与重组现象的状态下模块之间的交易成本为 C_i、价值创造的利润为 $P_{原}$、总收入为 R_i。而产业价值链模块的延伸与重组之后，价值创造的利润为 $P_{新}$，收入为 R_j、交易成本为 C_j、n 为产业价值链的模块个数。在产业价值链模块的重组之前，原有的产业价值链的总的经济效益为 $P_{原} = \sum(R_i - C_i)$。重组之后，产业链在价值层面上实现了价值的有效增值，表现为 $R_j > R_i$，因为重组之后不仅实现了原有的价值链，还可能创造出一条新的价值链，因而在价值链的各个模块上的价值总和即 $R_j = (R_{j1} + R_{j2} + R_{j3} + \cdots + R_{jn}) > R_i = (R_{i1} + R_{i2} + R_{i3} + \cdots + R_{in})$，而交易成本因为在重组后的模块中实现了更为匹配的资源配置，交易成本也将逐渐减少即 $C_i = (C_{i1} + C_{i2} + C_{i3} + \cdots + C_{in}) > C_j = (C_{j1} + C_{j2} + C_{j3} + \cdots + C_{jn})$，体现在整个产业价值链上的经济收益明显增多：

$$\begin{aligned} P_{新} - P_{原} &= (R_{j1} + R_{j2} + R_{j3} + \cdots + R_{jn}) - (C_{j1} + C_{j2} + C_{j3} + \cdots \\ &\quad + C_{jn}) - [(R_{i1} + R_{i2} + R_{i3} + \cdots + R_{in}) - (C_{i1} + C_{i2} \\ &\quad + C_{i3} + \cdots + C_{in})] \\ &= [(R_{j1} + R_{j2} + R_{j3} + \cdots + R_{jn}) - (R_{i1} + R_{i2} + R_{i3} + \\ &\quad \cdots + R_{in})] - [(C_{j1} + C_{j2} + C_{j3} + \cdots + C_{jn}) - (C_{i1} \\ &\quad + C_{i2} + C_{i3} + \cdots + C_{in})] > 0 \end{aligned}$$

$P_{新} - P_{原} > 0$ 表明产业价值链模块的拓展及重组后呈现范围经济，实现了价值的增值。

（3）促发了全球生产网络的形成。产业价值链模块的延伸与重组能够降低产业的进入壁垒，进行全球的采购与生产，形成了纵向分离的全球性质的生产网络。这样，使产业价值链模块逐渐形成了全球性的产业价值链分布。

5.3 服务型工业化的内在形成机制

5.3.1 产业价值链模块的解构与重构

制造业在价值链层面上与服务业融合的过程是以产业价值链的解构与重构开始的。制造与服务的产业融合，也就意味着原有产业价值链的分解与新的融合型的产业价值链的形成。对现代服务业来说，其特点就是以价值链模块上的分工为主要驱动方式，形成具有各行业特色的产业融合。服务业价值链模块的全方位渗透并嵌入到制造业或者其他产业的价值链，使原有的产业价值链的分解程度降低。具体表现为：服务业价值链模块的延伸通过服务业价值链模块的分解，并融入到制造业价值链模块中，如图5-8、图5-9所示。

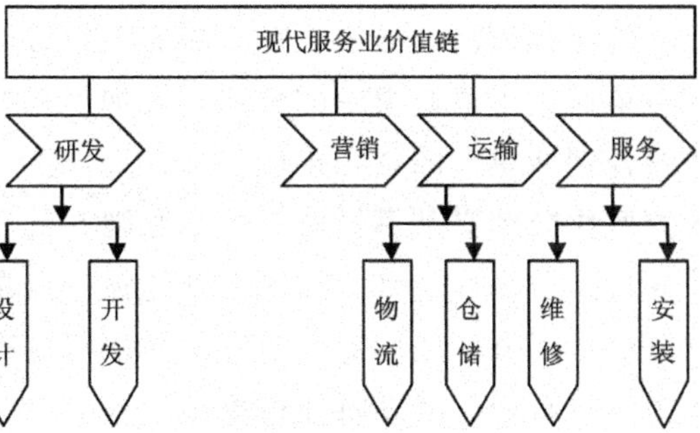

图5-8 现代服务业价值链模块分布

资料来源：笔者绘制。

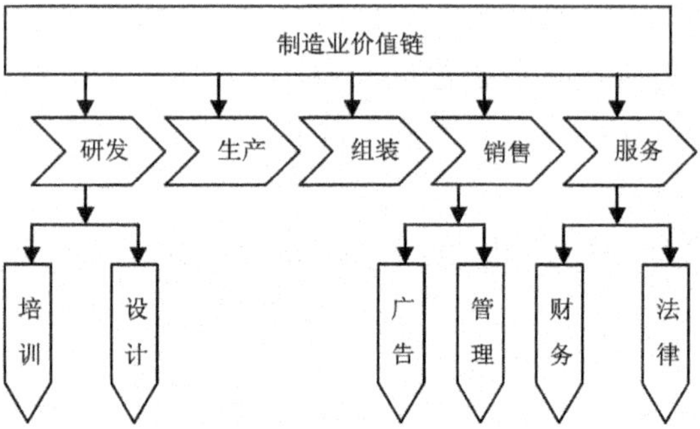

图 5-9 制造业价值链模块分布

资料来源：笔者绘制。

服务业价值链上的分解实质就是价值链模块解构的过程。这样的解构可以使服务业的传统价值链在满足技术要求和经济约束等条件下逐一分解。因而价值链模块上的分解都将实现在价值链条上的独立活动，价值单位的活动是模块分解并进行整合的过程，将形成一个混沌的价值网。在价值网络中，市场是融合产业中的核心环节，把价值系统进行重构，实现了新的价值链。而价值链模块再不断细分为各个子模块的目的就在于，可以将价值系统重构，通过整合来形成新的价值链，实现在产业融合过程中新价值的创造。价值链模块的分解也在于能够把原有产业的产品及服务的内在需求通过价值链模块的分解，实现了互补及延伸，为产业价值链融合创造更大的融合价值。

价值链的模块分解必须遵循两个基本原则：首先，是价值链的模块能够各自独立，在经济、技术上都能独立存在，且必须保证模块可以分解，而分解之后的子模块又能依据共同的法则，单独存在。其次，分解后的活动将体现更多的竞争上的优势。产业链模块分解能够尽量地依据顾客的需求变动来实现产品（服务）的差异化提供。实现模块的分解与功能组合将满足顾客提出的任何需求。产业价值链模块分解将一个产业一体化的价值链结构裂变为各个功能独立的价值模块（节点），通过价值模块的分解、整合来实现价值模块功能的增强，使得多个自身具有独立的价值模块供应商及模块规则良性运行，促发整个产业持续动态地分化与整合。

价值链模块化的分解与再组合，能够形成产业的外部生产网络。通过价值链把产业的组织结构及各种业务、生产过程互相分割，有效地解决传统一体化下价值链效率低下的问题。模块分解后的产业价值链把内部不同企业的边界进行组合，增加了整个产业组织运行的灵活性、柔性的特点，专业化分工能针对客户及市场的需求积极响应，更好地为企业实现差异化的战略。而内部的模块、子模块之间由于拥有共同的规则设计，因而可以迅速地实现自己组合和重构，形成新的价值链来整合内外部的资源与模块。

现代服务业本身就具有知识、信息集合的价值链，尤其是那些具有很强融合性价值链的生产型服务业，而在这些旧价值链中有些价值模块进行分解，与服务业价值模块进行融合，或是以产业渗透的方式，或是以产业延伸的方式。服务业价值链模块在渗透的过程中把价值模块渗透到制造业价值链或农业价值链，其基本的一些价值模块被保留。比如服务业价值链的运输模块，分离出物流子模块及仓储子模块，再融合或整合到制造业价值链的服务模块或是原材料供应模块中，体现为制造业服务的功能。或者如服务业价值链中一些服务、管理模块，进行进一步的分解，分解出人力资源管理、法律、财务管理等子模块，这些子模块再融入到制造业价值链中。而服务业价值链模块的延伸更多地体现在上游、下游的延伸，并实现了与制造业价值链的交叉重构。因而，在这样的方式下，传统的制造业价值链也将发生解构，有些基本模块被保留，而剩余的将会与服务业价值链的相关模块重构，实现价值链的整合，如图 5－10 所示。

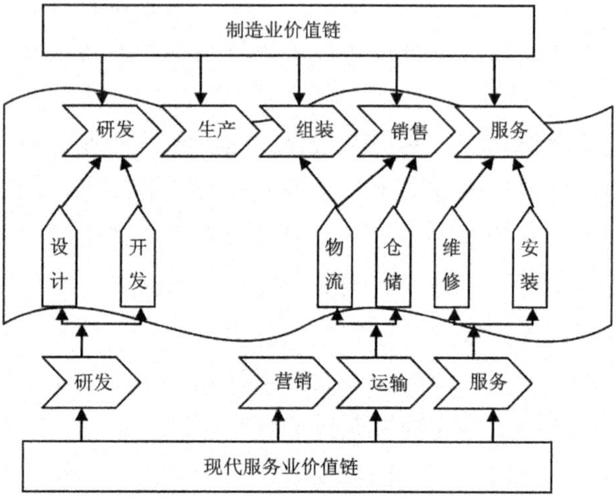

图 5－10 制造业价值链模块的解构与重构

资料来源：笔者绘制。

产业价值链模块的解构与重构在宏观层面上，导致现代服务业与制造业的融合，表现为制造业的服务化和服务业的制造化。这一个融合的过程，就是产业价值链模块之间的解构与重构，并且是基于顾客的角度进行的重构价值链的行为。因为顾客购买的产品或是服务，并非是产品或服务的本身，而是在于使用产品或者服务的经济效益。顾客通常买产品时，还要考虑维持产品正常损耗的问题，需要在产品购买的同时，能享受到一定的服务。因而制造企业的价值链模块重构中必须融入更多原本是服务业价值链的服务模块，使得制造业能够以出售产品的同时来协同销售与服务。

制造业服务化趋势表明，制造业的价值链重心将转移到服务和运输等环节，而这些环节的模块也是能够创造价值链更多利润的模块。因而，重构的新价值链其核心价值活动必将融合服务业价值链的核心价值，形成为制造业服务。原来的以实物产品的生产为初始点将转变为以实现了顾客价值的服务为出发点。同样，服务业价值链也需要制造业价值链进行模块分解，并与服务业价值链的相关模块进行重构，实现价值活动的融合。Wirt（2001）认为不同产业的价值链整合实际上是价值增值过程的一体化，如图5－11所示。

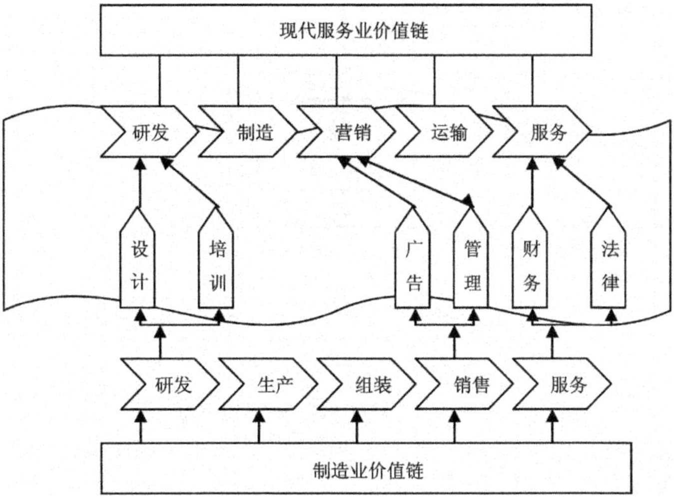

图5－11 现代服务业价值链模块的解构与重构

资料来源：笔者绘制。

5.3.2 网络状产业链的形成及效应

由上述的分析可以得知，服务业价值链与制造业价值链的部分模块进行分解与整合，都将依据产业内部的企业自身的实际状况、竞争力程度及市场的需求，来对价值链模块进行分割与重组，完成融合产业的价值链整合。因而，产业链结构发生改变，由传统的链式转变为混沌的价值模块组合的网络状。产业链在模块化分工的条件下，以价值链的功能聚合，使得产业链呈现出网络化的特征（胡晓鹏，2007）。企业的价值模块按照规则与标准，在统一的界面中实现交叉融合，形成价值星系，并演变成供应商模块、渠道模块及服务模块等新的网络状产业链。网络状产业链是基于价值模块的不断演化而形成的，在价值链的解构与重构基础上，实现了利益相关者组成的价值生产、分配、转移及使用的战略网络联盟，其演进过程如图 5－12 所示。

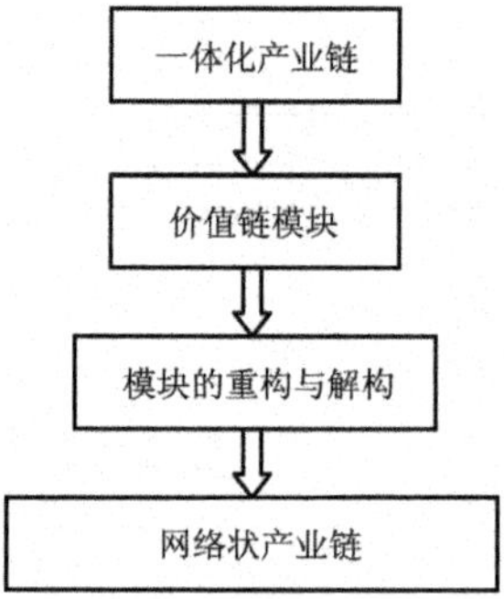

图 5－12　网络状产业链的形成

资料来源：参考芮明杰、李想：《网络状产业链构造与运行》，格致出版社 2009 年版。

价值链各阶段之间的接口都是关键，通过这些精心设计的“接口”，产业链不同价值段上的价值模块相互交织，不同企业的核心能力要素相互连接，形成一个开放的价值网络，进而形成网络状产业链，相关企业价值的创造、交换和共享分布在整个网络之中。网络状产业链将模块供应商、业务流程与系统等合作伙伴结合在一起，全面提升企业的竞争能力，能够在最快时间内开发出最适合用户需要的产品，顺应现代消费的趋势。

如果说基于分工和价值链理论的企业之间构成了“点与点”、“线与线”的关系的话，那么，模块化分工条件下网络状产业链内企业间的关系，逐渐演化为网络化的关系，如图 5－13 所示。

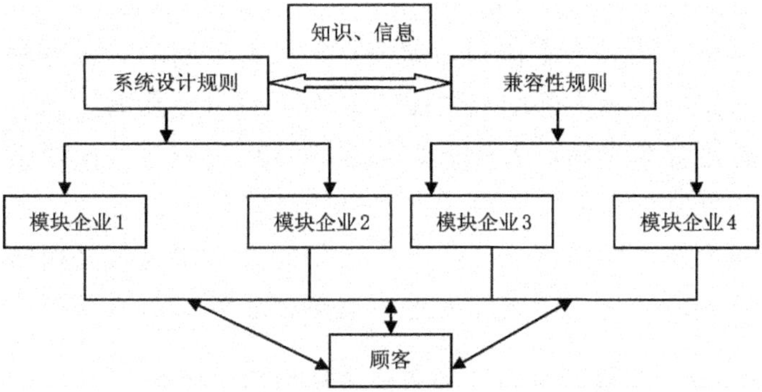

图 5－13 网络状产业链的基本架构

资料来源：笔者绘制。

因而，依据网络状产业链的基本架构，可以定性地分析出网络状产业链的效应：首先，网络状产业链的形成是一个系统自组织的过程。网络状产业链是在服务型工业化的发展过程中，模块分工体系使得工业化内部的运行依靠产业链的自我协调，不断适应外界环境的变化而使得自身的运行方式演化而得。其次，网络状产业链具有乘数效应。Hayek（1937）认为，竞争就是知识的发现和扩散过程。他强调了竞争过程和市场机制在分散的、主观的和意会的知识协调过程中的重要性。因此，从动态的角度看，网络状产业链中的各类知识构成了一个开放的复杂系统。其中，各成员（被看做是知识载体）之间通过非线性关系相互作用、相互转换，并且不断地与产业链的系统环境进行着物质和能量的交换，这些活动实质上是知识活动。在网络状产业链中知识子系统的动态作用过程中，成员知识子系统越开放，成员之间的广义距离越短，知识活动的强度越大。知识活动的强度越大，公共知识的创新能力越强，即公共知识的总量也就越大。公共知识的总量越大，各成员能获取知识也就越多，即个体知识增多。整个作用过程就像“滚雪球”一样，是一个个体知识和公共知识都不断增大的过程。因此，只要产业链内部的成员在知识方面做出微薄的贡献，网络状产业链将会发挥巨大的乘数效应。乘数效应一方面增强了产业链的整体创新能力，另一方面也能够降低内部各成员创新的成本和风险，增强了成员的个体创新能力，这也就是网络状产业链成为现代新兴产业发展中的主要表现形式[45]。

5.3.3 服务型工业化的内部系统的演化趋势

综合来看，服务型工业化是一个建立在以模块化为基础以价值链在模块层面的融合为内在形成机制，在产业层面上实现现代服务与制造相互融合的工业化过程。正是因为具有网络状的产业链，实现了产业层面的制造与服务的融合，才使得产业结构出现新的趋势。也正是因为制造与服务的融合，使得产业结构逐渐的软化，由过去的生产型转变为服务型（见图 5-14）。

随着经济系统内部的运转复杂化，世界工业化也呈现出多样化的特征，比如：网络化、信息化、生态化。但是这些都是工业化体系里具体的表现形式，不能概括其最本质的特征。世界工业化表现出的网络化、信息化的趋势，都是由内部的产业价值链的模块分工决定的，世界工业化的服务型特征就是由此所形成。制造与服务的融合，更多层面上是服务、信息结构的软化，才使得产业之间的边界更为模糊，而归根结底是由价值链模块引发的模块分工，实现了服务型工业化的转型。模块分工最早出现在制造

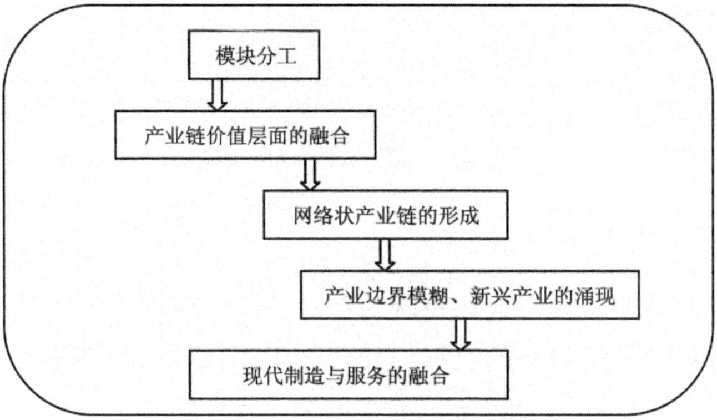

图 5-14 服务型工业化内部系统的演化趋势

资料来源：笔者绘制。

领域之中，而实践中的大规模定制的生产方式也是通过模块运行的，因而分析新工业化的内在形成机制，必须从模块的视角进行分析，借助价值链工具，实行对工业化内部的产业链网络化的分析，来实现对服务型工业化的形成机制的定性考察。

服务型工业化是第三次科技革命或信息革命后呈现的新变革。对世界新工业化的体系进行研究，不难发现，其生产方式与传统工业化的生产方式明显不同。传统工业化的生产方式是机器大生产、大规模生产，而服务型工业化建立在信息系统、知识、智力等生产要素之上，通过系统模块的分工，实行以满足顾客需求为目的的大规模定制。因而，不论是在已进入后工业社会的发达国家，或是新兴工业化国家、还是发展中国家，都将卷入服务型工业化的洪流，必将融入这种经济一体化、全球网络化的生产体系之中。工业化在从制造经济走向完全的服务经济的道路中，是以产业结构不断演进即现代服务业的高速发展为主要驱动因素的，必将体现出服务领先于制造的优势，服务型工业化本身的含义也在于此。

5.4 本章小结

本章从服务型工业化系统内部运行的中观主体——产业链入手，揭示产业链自身的发展与变化是工业化过程中必然出现的现象。随着时代环境的转变，工业化生产方式的变革，必将使产业链的形态也发生变化。在模块化的视角下，产业链的形态在价值层面上逐渐分解，实现产业的重组，并构成了新型的产业。这些价值链的延伸与重组，实现了新的融合型产业。因而使得产业的边界变得模糊，形成了较为混沌的价值模块组合的网络状的产业链。在本章中，笔者对这一过程进行详细描绘，深入地分析产业链在价值层面上的分工，意在说明服务型工业化系统内部运行的方式也是通过产业链在价值层面的变化彰显出来。通过刻画产业价值链的运行过程，来突出服务模块作为核心价值在产业链分工过程中的重要作用，更进一步地解释服务型工业化这个经济系统内部的运行机制。

6 制造与服务的融合：服务型工业化的实现机制

6.1 服务型工业化产业融合发展的机理

信息技术与通讯网络的快速发展改变了传统的产业边界，形成现代意义上新型态的产业融合。以信息技术变革为核心的产业革命改变了传统工业化的生产方式，使得现代工业化的生产建立在以顾客为导向，以定制型、智能型、信息型、知识型的产品服务基础之上。在现代工业化的产业领域中，先进制造业逐步向服务化的趋势迈进，现代服务业逐步向产业化经营转变。现代服务业中的生产性服务已成为服务增值中贡献最大的一部分，并与制造业的边界越来越模糊，两者融合的趋势在进一步地加强。Porter（1985）是制造与服务“融合论”的支持者，他认为信息与知识是制造与服务融合的“黏合剂”。信息技术企业融入到现代产业体系中，旧的经济接受新的信息技术改造，原有的产业从单一向混业的方向发展。可见，通过信息资源的不断推广，加快了产品与服务的互动，淡化了制造与服务产业界限，带来产品本身价值的增值，信息技术成为推动制造与服务二者融合的助推器。

现代生产者服务业中，知识的密集分布与有效衔接，把原先制造业中的内在分工外部化，成为知识扩散与创新的新型产业，实现了规模经济，获得了丰厚的规模报酬。这不仅是专业化、模块化分工的结果，也是将服务模块从制造业内部分离出来的结果。

服务型工业化融合发展的前提在于生产者服务业（现代服务业的核心组成部分）与制造业融合的知识模块的构建与嵌入。现代服务业高度专业化的知识决定了制造业内部的进一步分工，市场的进一步扩充，生产者服务业不断地从制造业内部分离出服务模块，利用高技能的专业化知识使得这种分工推动了产业的重新整合，扩大了生产者服务业及制造业边界模糊的趋势。生产者服务业具有的这种知识密集的固有属性是随着信息技术发展而逐渐形成的。在知识密集型服务业迅速推进的过程中，表现最为突出的是在各项信息科技、金融、科技贸易、融资服务等知识密集的行业进行链接与融合。Machlup（1962）曾认为作为知识密集的生产性服务业，不仅是供给各种具有资产专业性极强知识的产业，也是需求专业知识的产业。有的学者曾把生产者服务业定义为是专业化人力资本及知识资本的商务服务业。生产者服务业在研发、营销等服务模块中，体现知识的组织与构建，与制造企业通过知识的共同体，互相协调，构成了新知识系统。在知识的媒介作用下，制造与服务才实现了边界的模糊。同时，制造业本身产品的服务功能也体现得淋漓尽致。制造业利用无形的知识性服务提升了企业的竞争力。主要表现在制造业投入过程中的服务化及产出过程中的服务化上。投入过程的服务化是根据信息技术的优势，把知识型及信息识别交流给消费者，以增加企业产出的附加值。而产出过程的服务化则通过直接提供生产型的服务产品，把众多的制造企业的经营中心的产品剥离出去。考虑到人力、财力等各种成本，创造更大的利润空间，制造企业将实现服务模块外包，或者自身转型，逐渐脱离成本低廉的制造、组织模块生产，开始转向提供研发、资金管理等服务模块的生产，并逐渐在演化过程中转变为专业的服务性企业。制造业与生产者服务业的融合也是通过知识模块的嵌入实现的。因为生产者服务业与制造业的融合实质上是信息、知识的融合，融合后形成完整的知识模块[46]。融合后的知识模块在产业中以知识扩散网络、知识循环流动及知识链条的技术支撑为途径广泛地融入到各行产业中。在制造业内部的服务化及外部的模块外包中研发设计等将利用知识进行创造，形成固有的知识模块，在生产者服务业中发挥知识模块的价值功能并将其纳入到制造业中。这样就实现了生产者服务业与制造业融合的知识模块的构建与嵌入（见图 6 -1）。

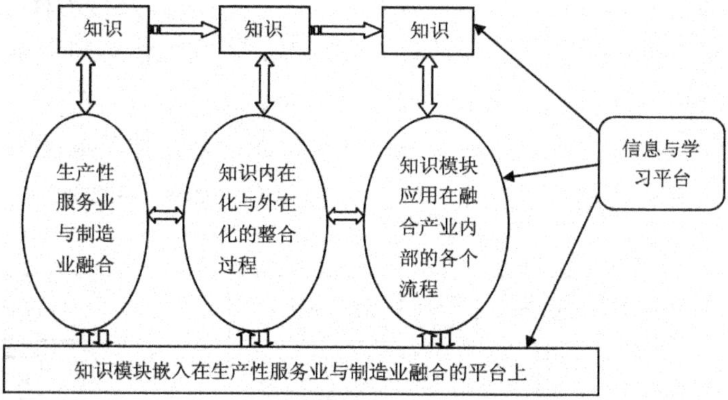

图 6 -1 知识模块在生产者服务业与制造业融合过程中的嵌入

资料来源：笔者根据相关资料整理绘制。

如图 6 -1 所示，知识模块将各类专业知识进行集成，将专门信息技术的服务平台外包给一定水平的研发企业，然后把知识模块渗透到企业的各个平台上，使得知识模块的嵌入效应放大到最大化，突出知识模块在产业融合中的作用。利用知识创新对知识进行有效的转换，彰显知识在外部化、内部化的过程，保持知识的创新与应用，而知识模块的渗透通过信息在生产者服务业及制造业的各个部门，比如员工、顾客、管理、流程运作等模块的嵌入，实现知识模块的融合。

知识模块有效、适时的嵌入是生产者服务业与制造业融合发展的运行机理。知识本身具有无形性，其使用具有一定的非排他性。鉴于它的特殊性质，与众多资源的共同使用应具备差异性。作为媒介功能的知识模块具有沟通，为融合发展搭建桥梁的作用，因而生产者服务业与制造业融合发展离不开知识模块的广泛应用。知识的报酬递增性及在转移、传播过程中需要支付成本的特质，决定生产服务业与制造业融合过程中需要提供一个能够互相学习的平台。这就形成了知识的交互，而知识在不同主体之间的沟通学习，也就是知识模块在整个流程中的扩散与传播过程，亦能激发主体对知识性能的转换与创新，不同主体对知识模块的掌握程度不同，也激发了这种互相沟通、交互学习。在知识模块渗透服务的过程中，这种交换增加了组织内部主体及成员的知识含量，提高了融合后产业的综合竞争能力，如图 6－2 所示。

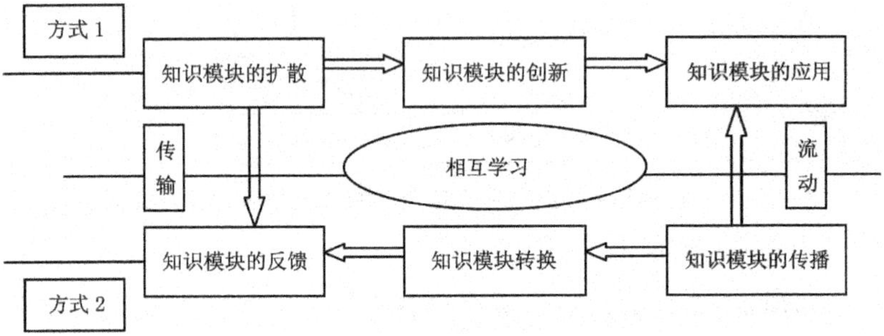

图 6－2　生产者服务业与制造业融合发展内部知识模块运行过程

资料来源：笔者根据相关资料整理绘制。

由此可见，知识模块的移动是生产者服务业与制造业融合的有力武器。在知识模块交互学习的平台中，是一个运用各种知识来传送知识模块的过程。这个过程包括两种方式：一种是通过建立知识库把各种类型的知识进行合成，实现知识模块的扩散，生产者服务业与制造业之间的交流。在这种方式中，知识模块的平台通过各种途径来传输，从而实现对这些知识模块的吸收。在传播的过程中，找出可以创新的新知识模块，并加以改装，重新再应用，把知识模块应用多角度化。另一种方式是在知识模块的传播中，有效对一些知识模块进行筛选、过滤，适当地转换知识模块的隐性知识与显性知识，及时对这些模块的应用功能进行审核，把信息与知识的更新及时反馈给融合系统。理论上讲，知识模块的运行包括两种独立的方式。但实践中，往往这两种方式是并行的，并未完全分割开，而是相互之间交互。知识模块的运行过程是生产者服务业与制造业融合发展的内部表现形式。而知识本身就作为一个单元、媒介起到搭建通往融合之路的桥梁[47]。具体的运行方式主要体现为以下几个方面：

（1）知识模块的传播与扩散。知识模块的传播需要主体之间建立一个学习的平台，通过这个平台来确定融合系统内部需要关键性的知识，对这些知识进行查找、筛选确认与系统内部需求相吻合的知识，然后利用系统内的一些惯性的指令来组装这些经过筛选的知识，重新定位、包装，改造成融合系统所需要的知识。

（2）对知识模块进行合理转换与创新。在系统内部，知识模块被包装转换成内部的知识，表现为内在化及外部化的两个方面，主体之间可以对知识模块的显性内容及隐性内容进行转换。而在转换与沟通的过程包括隐性知识显性化和显性知识隐性化。其中，隐性知识显性化是隐性知识群化的一个过程，这里包括把知识模块的融合，隐性知识显性化有利于知识模块的共享。而显性知识隐性化则是主体之间通过学习，不断放大知识自身的价值。而从显性知识到隐性知识的转化过程就是知识内化，是知识启发、主体学习、利用知识的重要途径。隐性知识的外化不断丰富着知识主体的显性知识库，有组织的显性知识则是隐性知识存在的土壤，两者相互转化、不断循环，大量有序的良性循环推动了知识链融合与创新能力的螺旋式提升。

(3) 知识模块的应用与反馈。反馈是把在传播过程中的其他过程通过使用以新的知识模块的方式反馈给整个融合系统内部，这样其他成员通过学习对新的知识模块进行分析，把正面或负面的模块应用在新的知识内部，不断进行反馈，实现过程的循环往复。充分利用反馈有利于在知识资源中获取各方面的知识，不断参与融合系统内部的学习，协调知识模块内部成员之间的知识存量，最大化地嵌入知识模块。

综合来看，基于知识模块的生产者服务业与制造业融合的运行是一个复杂的过程。这个过程是建立在知识模块的运动与系统内部主体成员之间互相学习的基础之上。从知识模块的嵌入，到实现了生产者服务业与制造业的融合与互动，整个的过程都是把知识压缩在一个小的子系统内部。利用模块的即插即用的功能实现知识的分享、学习、信息技术的支撑及反馈的过程。因而，生产者服务业与制造业融合的过程也是知识模块嵌入与融合的过程，而知识模块嵌入机制包括知识模块本身的构建、创新、激励、控制以及信息技术与学习平台的支撑等等。其中信息技术与学习平台的支撑是实现生产者服务与制造业融合的技术基础，知识模块的构建、创新、激励与控制是两者融合的核心内容。在这样的融合机制中，保证知识模块中的显性信息与隐性信息的转换，能够实现知识模块的积累与融合，如图 6-3 所示。

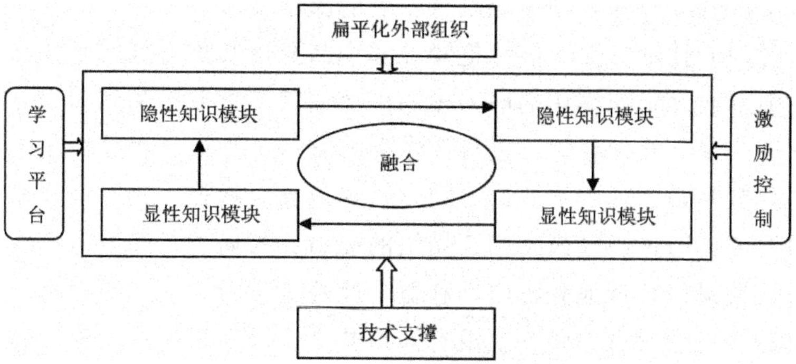

图 6－3　基于知识模块的生产者服务业与制造业融合机理

资料来源：笔者绘制。

为了实现上述知识模块可以灵活自如地嵌入在生产者服务业与制造业融合发展的过程中，知识模块必须建立在科学合理的企业内部的组织结构的基础之上。企业组织模式众多，其中扁平化的组织模式是当今现代企业的组织模式，它与传统的垂直一体化的组织结构相比，具有更柔性、灵敏的特征。而扁平化的组织结构更适应知识模块的沟通与交流，通过利用现代信息的支撑，组织结构更倾向于中心构建及网络化的分支结构，共同加快知识模块的融合与扩散，提高了现代企业的办公效率。同时，扁平化的组织结构也是一种虚拟的结构方式。生产者服务业与制造企业都是利用现代企业之间的网络式的联盟与合作，通过知识与信息，用数据进行信息的沟通与交换，共享网络的设计，促进资源的最优配置。而企业内部的客户、供应商与外包商也利用相互的学习与沟通，实现组织内部的资源的共享，把知识与信息以“学习创造”的形式，不断进行交换与实践，获得外界的新知识。

生产者服务业与制造业融合更离不开知识环境的支持。这些知识环境包括技术支撑、激励控制和学习平台。其中，技术支撑是生产者服务业与制造业融合发展的决定性因素。首先，基于知识管理的技术支撑，能够把隐性知识与显性知识有效的结合在模块中，通过知识模块的嵌入提高内部的信息扩散，利用知识传输管理，建立知识仓库，进行技术上的支持。其次，激励控制机制是调节融合过程中利益的分配。在知识模块融合中必须受到成本的约束，通过激励鼓励知识模块的创新，而通过对知识模块的控制，来保证合理地分配内部利益。此外，学习平台的建立也是必要的机制。没有平台，就没有知识共享，只有通过建立互动的学习模式，以联盟来加强知识模块之间的沟通，形成良好的学习氛围与环境。

6.2 服务型工业化产业融合发展的模型

李美云（2007）从价值链角度阐释了产业结构发展的必然趋势是现代服务业与制造业的互融。服务业的产业融合过程是价值链的解散和新的融合型产业价值链的形成。Wirt（2001）把不同产业的价值链整合过程叫做“价值增值环节的一体化”。并且认为在整合新的价值增值环节过程中，一般有两种方法：一是通过联盟的方式；二是通过接管和持股的方式。杜义飞（2004）认为只有通过打通产业链上各企业的价值链，破除企业、产业之间的价值壁垒，并由一个个的联结点把各价值链衔接起来，才能形成统一协调的价值链系统。潘成云（2000）从顾客需求的角度审视以往的价值链。他认为顾客购买实物产品并非在于产品本身，而在于产品所带来的服务效益。价值链的中心转移到能带来更多利润的服务环节。郑吉昌和夏晴（2005）利用价值链模型，从另外一个视角描述生产性服务业与制造业互动发展的机制，并根据企业的价值链，把企业的生产活动分为上中下游三个环节。刘鹏、刘宇翔（2008）认为生产者服务业和制造业的融合主要是通过服务业价值链向制造业的渗透或延伸来实现的，因而生产者服务业和制造业的融合亦称为“制造业的服务化”过程。综合上述观点，可以从封闭和开放两种状态来设计服务型工业化产业融合发展模型。

6.2.1 封闭系统内产业融合模型的设计

本书把工业化中的产业假设成为一个系统，那么无论是制造业还是生产者服务业在封闭系统中都将具备这几个基本模块，即研发模块、生产模块（制造业内是生产产品的模块，而服务业领域里是生产服务的模块）、销售模块、运输模块（服务业内可视是为派送服务的模块）、维修模块，此外可能还包括其他的模块。本书假设产业系统由这五个基本模块组成，那么写成函数形式即：

$L=(\{X_i \mid i=1,2,3,4,5,\cdots,n\},\{$不同模块之间的关系$\})$，用 X_i 表示构成产业系统的不同模块，如 X_1 表示研发模块系统，X_2 表示生产模块系统，X_3 表示销售模块系统，X_4 表示运输模块系统，X_5 表示维修模块系统。利用系统动力的方程，产业内部模块系统的演化过程是随着时间的推移，呈现状态的转化形式。如下式：$\frac{dx_i}{d_t}=L_i(x_1,x_2,x_3,x_4,\cdots,x_n)$，因而 $x_i(i=1,2,3,4,5,\cdots,n)$ 是产业系统在演化过程中的模块状态变量。因为在产业系统内部，模块之间的关系是复杂且相互影响的，并非单一独自成为个体，与其他模块没有特定的联系，所以系统内部必定是非线性的系统，至少存在若干个非线性的函数。而封闭系统本身又决定了整体内部是处于平衡状态，不能与外界有任何关于信息、知识等方面的交换。那么在封闭系统内，$\frac{dx_i}{d_t}=0$，t 是反映时间变动的变量。整体系统 $L_1 = L_2 = \cdots = L_n = 0$，那么对系统的方程组进行求解，得出：

$x_1 = x_1^*$

$x_2 = x_2^*$

…

$x_n = x_n^*$

本书假设的产业是生产同种类型产品的企业的总称。制造业与生产者服务业作为两个不同类型的产业，具有产业演化的种种特性，其中内部的企业主要以生产产品及服务为主要手段。

封闭产业系统的 $\frac{dx}{dt} = L(X)$，

进行泰勒级数展开，如下式：$\frac{dx}{dt} = ax + bx^2 + cx^3 + \cdots + nx^n$，

若只取上式中第一项，近似地使 $\frac{dx}{dt} = ax$，

那么对上式两边分别取自然对数，可得 $\ln\frac{dx}{dt} = \ln ax$，把 x 的值写成以 e 为底的指数，那么 $x = e^{at}$，当 $a > 0$ 时，t 与 x 都是趋近于正无穷的，这说明当产业系统内部模块对整个系统的贡献增加时，增长的极限将趋于无穷，这与现实中产业演化的特征不太相吻合。因此，本书取泰勒展开式的前两项，即 $\frac{dx}{dt} = ax + bx^2$，把 ax 提出来，得出 $\frac{dx}{dt} = ax(m - x)$。上式就是一般意义上封闭系统

的产业融合演化的方程，能够体现出产业在发展的过程中，产业内部的模块分工引发产业生产产值的增加。但是，随着时间的延续，系统内部各个模块的相互影响程度越大，产业演化到一定范围内将会停止。a 表示产业融合速度的一个系数。如果 $a > 0$，说明产业融合的速度是递增的，这个方程的图形是开口向上的 U 型。$a < 0$，则证明了产业融合的速度呈递减趋势，方程的图形呈倒 U 型。本书假定产业是呈良性的演化趋势，因而 a 总是大于 0 的。当 a 的值由负值或零变为正值时，表明产业内部出现了新的变化，能够创造出新的产品。此外，方程里的 m 表示外部市场的容量。只有当 $m>0$ 时，表明产业演化的程度较深，能够充分影响市场规模。而 X 作为产业演化的变量，对时间 t 具有指数效应，是产业系统内模块分工的积极因素。（$m-x$）则说明产业内部有一定的因素制约着产业演化，体现了产业系统的负反馈现象。而（$N-X$）表示产业发展过程中的减速因子，即由于存在着最大市场容量，使得产业发展到一定阶段后出现下滑趋势，这是产业系统的负反馈系统。两者共同作用决定着产业的融合程度。

6.2.2 开放系统内产业融合模型的设计

开放的产业系统与制度、纵向一体化产业结构的分解及竞争的市场结构等是密切相联的。首先，在制度方面，宽松的管制政策能够促进不同产业企业之间的互动。其次，随着技术的扩散及模块化组织原则的盛行，越来越多的企业进行专业化经营，促进了产业一体化纵向结构的分解。如计算机产业模块化原则的盛行，促进了主机、芯片、软件等模块的分离与产业化，导致了计算机产业纵向分解而形成模块化的产业结构，促进了不同产业系统之间的融合。最后，当处于垄断竞争或完全竞争的市场结构中，产业系统的开放程度是较高的。不同产业企业可以自由进入或退出，通过竞争与协作，加快了不同产业之间的技术、产品、企业、市场与制度等系统的交流。在开放产业系统中，不同产业之间的相互作用导致系统负熵流的增加，加快创新的速度与多样性，推动产业系统由一种状态向另一种有序状态的发展。这一方面扩大了企业的搜寻范围，促进了先进技术、产品及模块从一个系统向另一系统的扩散；另一方面，不同系统之间的互动对知识的扩散与创新产生了积极的影响，使不同生产要素合理整合，融合多种功能的新技术、新产品、新企业、新制度，出现了产业融合的现象。

开放系统中，产业之间的关系主要有三种形式：不相关、互补与竞争。不相关是指两个产业之间没有一定的关联度。一个产业的发展对另一个产业的发展没有任何影响，两者的相关系数为零。因而，这种情况一般都是在封闭系统内部出现。而在开放系统中，产业之间的关系都表现为互补或竞争。互补是指某个产业的演化过程也将促进其他产业的发展，两者的关系是互为补充的。竞争关系是指产业的发展将利用其他产业的资源[48]。本书通过模型来表示制造与生产者服务两种产业之间的关系：

$$\frac{dx_1}{dt} = a_1x_1(m_1 - x_1 + b_{12}x_2)$$
$$\frac{dx_2}{dt} = a_2x_2(m_2 - x_2 + b_{21}x_1)$$

，其中 a_1、a_2 分别表示产业 x_1、x_2 的演化系数，m_1、m_2 分别表示产业 x_1、x_2 的潜在的市场预期产量。b_{12}表示产业 x_2 对 x_1 的影响系数，b_{21}表示产业 x_1 对 x_2 的影响系数。影响系数的值可为正也可为负，当 $b_{12}>0$，$b_{21}>0$ 时，说明两个产业外部之间的关系是互补的，那么此系数也被视为“协同发展系数”，因为两个互补的产业融合的效应能够产业协同效应。当影响系数小于0时，意味着两个产业内部之间的关系是可替代的，具有竞争替代效应。若两个产业之间没有任何相关关系，那么这个关联二者之间关系的影响系数则为零，这也反映了封闭状态下产业之间的关系特征。当影响系数都为1时，说明两个产业利用相同的内部资源来生产产品，存在完全竞争的关系。通过上节对二者之间融合的机理分析，不难得出在产业演化过程中从宏观的角度来看，两者的关系是互补的。但从微观角度来看，内部模块之间也是存在竞争替代的。因而，本书为了使得讨论简单而更有说服力，又必须契合生产者服务业与制造业的关联性特征，本书只设计协同发展系数都为正或都为负的情况下，生产者服务业与制造业内外部融合的数理模型。

（一）产业外部互补型融合的实现过程

在生产者服务业与制造业融合的过程中，生产者服务业的生产与发展都离不开制造业的内部模块化分工与中间需求，进而也促进了制造业的发展，它们之间是互补的。两者的融合从外部市场来看主要表现如下：

$$l_1 = \frac{dx_1}{dt} = a_1 x_1 (m_1 - x_1 + b_{12} x_2)$$
$$,$$
$$l_2 = \frac{dx_2}{dt} = a_2 x_1 (m_2 - x_1 + b_{21} x_2)$$

其中关联系数都大于零，令 $l_1 = 0, l_2 = 0$，对上述等式求值，并用矩阵的形式来表示：$D = \begin{vmatrix} \frac{\partial l_1}{\partial X_1} & \frac{\partial l_1}{\partial X_2} \\ \frac{\partial l_2}{\partial X_1} & \frac{\partial l_2}{\partial X_2} \end{vmatrix} = \begin{pmatrix} a_1(m_1 - 2X_1 + b_{12}X_2), a_1 b_{12} X_1 \\ a_2 b_{21} X_2, a_2(m_2 - 2X_2 + b_{21}X_1) \end{pmatrix}$，若矩阵的方程式里有解，而此

解都是通解或特解，才能证明互补性的产业在外部市场的融合程度。把这两个关于矩阵 D 的特解代入到含有特征根方程中，得出此矩阵的特征值。

① $\det|\lambda D - D(D_1)| = 0$

$\lambda_1 = a_1 m_1 + b_{12} m_2, \lambda_2 = -a_2 m_2$

$\lambda_1 = a_1 m_1 + b_{12} m_2 > 0, \lambda_2 = -a_2 m_2 < 0$，同样把另两个特解代入到矩阵的特征方程中，进行特征值的计算。

② $\det|\lambda D - D(D_2)| = 0$

$\lambda_1 = -a_1 m_1, \lambda_2 = a_2(m_2 + b_{21} m_1)$

$\lambda_1 = -a_1 m_1 < 0, \lambda_2 = a_2(m_2 + b_{21} m_1) > 0$

在 b_{12}、b_{21} 均大于零的前提下，存在着稳定状态的解。说明制造业与生产者服务业在演化过程中是呈互补关系的。在外部的市场没有达到最大产品容量的限制下，即 m_1、m_2 都大于零的且 m_1、$m_2 \leqslant m_1 + m_2$ 时，制造业与生产者服务业在产业系统中可以实现融合。

（二）产业内部竞争替代融合的实现过程

模块化分工在产业内部的发展，带动了制造业与生产者服务业在模块上的整合。而模块的整合过程也充分说明了生产者服务业与制造业之间的互动关系。当生产者服务业中的一些模块融入到制造业中，在外部市场上体现的是两者互补的融合现象。在系统内部通过知识模块及其他功能模块的嵌入，进行整合并加以创新，使得在外部形态上的互补关系转变为竞争替代关系。那么两者各自的产业关联系数也发生改变，从互补关系的正值，转变为负值。因而，本书对 $b_{12} < 0, b_{21} < 0$ 这种反映竞争替代关系的情况进行讨论。对开放系统的方程以时间 t 为自变量求偏导，可得：

$$l_1 = \frac{dX_1}{dt} = a_1 X_1 (m_1 - X_1 + b_{12} X_2)$$

$$l_2 = \frac{dX_2}{dt} = a_2 X_2 (m_2 - X_2 + b_{21} X_1),$$

在 $b_{12} < 0$，$b_{21} < 0$ 的条件下，令 $l_1 = 0$，$l_2 = 0$。对下面矩阵进行求解。

$$D = \begin{vmatrix} \frac{\partial l_1}{\partial X_1} & \frac{\partial l_1}{\partial X_2} \\ \frac{\partial l_2}{\partial X_1} & \frac{\partial l_2}{\partial X_2} \end{vmatrix} = \begin{pmatrix} a_1(m_1 - 2X_1 + b_{12}X_2), a_1 b_{12} X_1 \\ a_2 b_{21} X_2, a_2(m_2 - 2X_2 + b_{21}X_1) \end{pmatrix}$$，进一步，把解代入到特征根方程中，可得下式：

(1) $\det | \lambda D - D(D_1) | = 0$。

$\lambda_1 = a_1(m_1 + b_{12} m_2), \lambda_2 = - a_2 m_2$

从假设条件中可得出 $\lambda_2 = - a_2 m_2$ 是小于零的，$\lambda_1 = a_1(m_1 + b_{12} m_2)$ 可分为两种情况进行讨论。①若 $\lambda_1 = a_1(m_1 + b_{12} m_2) > 0$ 时，可以得出 b_{12} 与 m_1、m_2 的关系。当 $b_{12} > \frac{m_1}{m_2}$ 时，这种情况下 D_1 的解是不稳定的，说明生产者服务业与制造业无法实现在模块层面的融合。

②若 $\lambda_1 = a_1(m_1 + b_{12} m_2) < 0$ 时，同样也可以得出 b_{12} 与 m_1、m_2 的关系。当 $b_{12} < \frac{m_1}{m_2}$ 时，D_1 的解是特解，说明开放系统内部生产者服务业与制造业可实现模块层面的整合。把该解代入到含有特征值的矩阵中，开放系统的矩阵就为：

$$\begin{pmatrix} - a_1 m_1, a_1 b_{12} m_1 \\ 0, a_2(m_2 + b_{21} m_1) \end{pmatrix}$$

此外，本书用同样的方法，对关于开放系统矩阵的另一个解

D_2 进行特征根求解。

（2）令 $\det|\lambda D - D(D_2)| = 0$，可以解出 λ_1 与 λ_2。

$\lambda_1 = -a_1 m_1 < 0, \lambda_2 = a_2(m_2 + b_{21} m_1)$。不难看出，$\lambda_1$ 是小于零的，而 λ_2 是未知的，那么假设以下两种情况：若 $\lambda_2 = a_2(m_2 + b_{21} m_1) < 0$ 时，由 $\lambda_2 = a_2(m_2 + b_{21} m_1)$ 的等式可以得出 b_{21} 与 m_1、m_2 之间的关系。当 $b_{21} < \frac{m_2}{m_1}$，$D(D_2)$ 是定解，可以实现在生产者服务业与制造业内部模块的整合。若 $\lambda_2 = a_2(m_2 + b_{21} m_1) > 0$ 时，由 λ_2 的等式得出 $b_{21} > \frac{m_2}{m_1}$。但是此时的 $D(D_2)$ 并非是稳定状态下的解，那么产业内部模块层面的融合就没有实现的条件。本书在分析生产者服务业与制造业之间关系的同时，发现两者的融合必须要满足一定的条件。比如在开放的系统中，物质、知识、信息等能量的交换是畅通无阻的，这样产业内部的模块分工才能顺利进行，内部产业之间的才能融合互动。

6.3 经验实证与计量检验

20 世纪 70 年代之后，发达国家都已完成了传统工业化，进入现代工业化发展时期。在这期间，产业服务化的趋势越来越明显，主要表现为制造业服务化及生产者服务业的发展趋势较为迅猛。在发达国家主要存在的两个非常普遍的 70% 的现象。也就是服务业的增加值将占到 GDP 的 70%，其中生产者服务业就达到整个服务业的 70%。2006 年世界银行的《发展研究报告》公布的数据中，已经表明全球服务业的增加值占整个服务业比重近68%，其中发达国家的贡献则是很大的。在全球500强的制造企业中，有56%的制造公司在经营着服务的业务，并服务业务所带来的收入超过了总收入的50%。在中国，服务业占GDP的比重也在逐渐上升，制造业在服务业的增加值也在逐渐增加，其中金融与保险、信息传输等计算机服务的新兴服务业占整个服务业比重的30%以上[49]。刘继国（2006）描绘了在20世纪70年代之后OECD的9个国家的制造业对生产者服务业的相互关系变化趋势，并认为随着时间的推移，制造业对生产者服务业的依赖程度逐渐增加，而且这种相互依赖的关系是越来越紧密的。V. Fuchs（1968）首次提出了服务经济的概念，并对此进行开创性的经验验证研究，他通过实证分析在近些年来服务业增长如此迅速的原因，说明服务业在国民经济中的重要作用。

发达国家的生产者服务业在20世纪70年代后发展得较为迅速，从制造业体系中逐渐脱离出来，成为现代经济的核心力量。生产者服务业与制造业的融合在系统外部的模块分工中体现的是互补关系，而在系统内部的模块分工中表现为模块之间的整合，体现了两者的竞争与替代关系。制造业的产业价值链向服务领域不断延伸的过程，就反映了制造业服务模块功能强大的发展趋势。同样，生产者服务业的价值链也逐渐融入到制造业中，使服务业摆脱了传统提供服务的方式而吸纳了大规模定制的模式。总之，制造与服务之间的依赖程度不断加深，实现了互动与融合。本书主要列举发达国家美国及日本两个国家作为现代工业化发展过程中的出现服务型趋势的典型例证。并进一步地证实，在20世纪70年代之后，由于世界产业结构发展的新趋势，制造业的技术密集度逐渐升高，制造与服务融合的现象越发凸显。

6.3.1 来自美国的实证

美国在20世纪70年代后，制造业发展程度有大幅度的提高，重点是剔除传统制造业的运作方式及组织管理形式，吸收了大量的知识、信息、科技等元素，机器大工业的分工模式在替换成网络型的模块化分工的基础上，实现了大规模定制的生产方式。与此同时，现代服务业的发展也极为迅速（见图6－4、图6－5）。

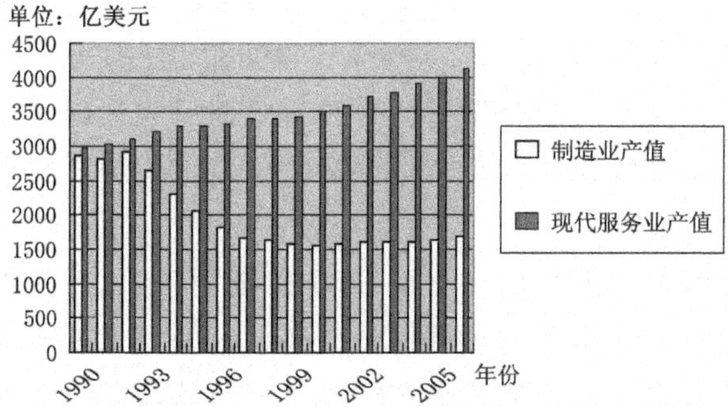

图6－4 美国1990～2006年制造业与现代服务业产值

注：现代服务业的计算包括运输、仓储、通讯、金融保险、不动产、产业服务这些具有为生产者服务性质的产业以及商业、旅馆、饭店等传统服务行业，还包括社会团体和个人服务、政府服务等具有公共服务性质的行业的总和。

资料来源：根据《国际统计年鉴》1995～2008年的美国数据计算所得，中国统计出版社。

制造业的产值虽然逐年下降，这并非意味着美国制造业的衰退，恰恰相反，美国制造业的先进地位仍旧处于世界前列。美国通过调整产业结构，把大规模的制造企业的模块环节外移到发展中国家，而积极发展本国服务、研发等高端附加值的模块环节。因而，在图6－4中体现的是现代服务业产值的迅速增加，从

1990 年的 2981 亿美元增长到 2006 年的 4122.6 亿美元，16 年间几乎增长近 2 倍。现代服务业的高速增长主要源于生产者服务业的贡献。

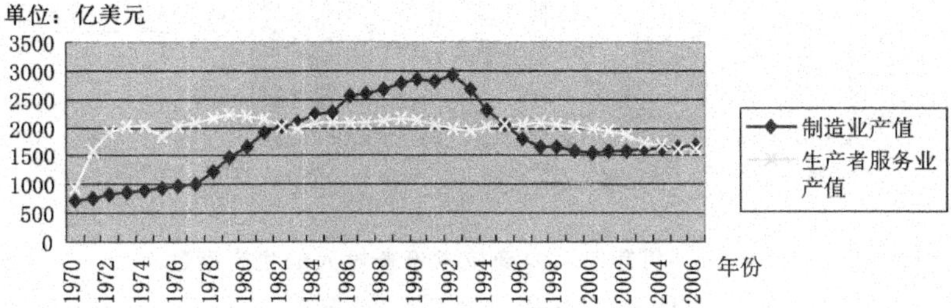

图 6－5　美国 1970～2006 年间制造业与生产者服务业产值的变动趋势

注：美国生产者服务业产值与就业人员的计算是把运输、仓储、通讯、金融保险、不动产、产业服务这些具有为生产者服务性质的产业进行累加。不包括旅馆、饭店等传统服务行业及社会团体服务、政府服务等具有公共服务性质的行业。

资料来源：根据《国际统计年鉴》1995～2008 年的美国数据计算所得，中国统计出版社。

美国在 20 世纪 70 年代后，政府对制造业的重视主要表现在对加大对制造业内部技术设备投入，从图 6－6、图 6－7 可知，制造业的生产指数基本呈现逐年增高趋势，而其中对专业及科学设备的投入指数也超过 100 的基准点，随着制造业的产出变化而变化。

综合来看，美国的现代工业化与传统工业化发展模式不同的是：制造业的发展速度较为缓慢，产值比重也在逐渐下降，而生产者服务业则超速发展。从制造业的技术密集度来看，美国制造业的技术密集程度比较高，制造业生产方式基本上都是技术密集型，技术密集度基本上都在 0.86 的水平，最高年份可达到 0.97。

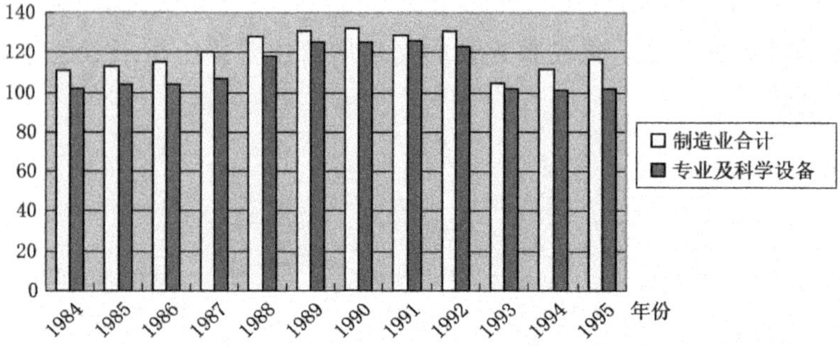

图 6－6　制造业及内部技术设备投入的生产指数

注：制造业生产指数是基于 1980＝100 的水平来测算。

资料来源：根据《国际统计年鉴》1995～2008 年的美国数据计算所得，中国统计出版社。

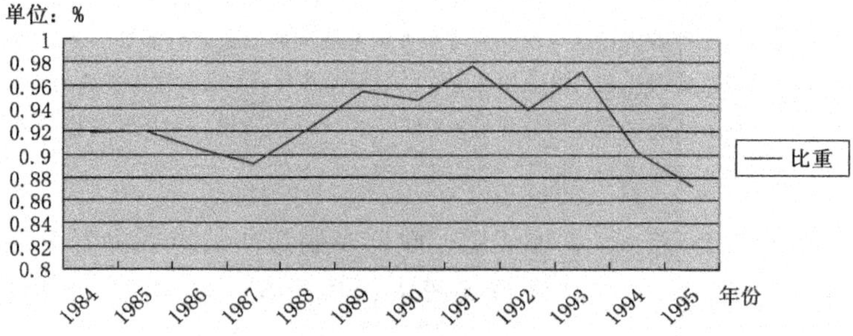

图 6－7　美国制造业技术密集度

资料来源：根据《国际统计年鉴》1995～2008 年的美国数据计算所得，中国统计出版社。

在美国现代工业化过程中，服务业的就业人数显著上升，从 1976 年最初的 5771.5 万人，到 2008 年左右的 9603.9 万人，增长近 66.4%。在现代服务业的种类中，以商业、旅馆、饭店、社会团体和个人服务及金融保险等的服务业从业人数增长最快。这也间接表现出美国现代工业化产业发展中知识密集程度的重要性，从下表可知，知识密集型的服务业在整个服务业的就业比例中几乎占近1/3的份额，与此同时，服务业整体的就业人数比重在所有产业中也达到1/3以上，如表6－1、图6－8所示。

表6－1 美国现代工业化过程中服务业的就业人数及比重

单位：万人，%

年份	商业、旅馆、饭店	运输、仓储、通讯	金融保险、不动产、产业服务	社会团体和个人服务	服务业总就业人数	百分比	知识密集服务业就业人数
1976	1831.4	446.4	667.2	2826.5	5771.5	0.192948	1113.6
1977	1904.2	464.3	709.5	2917.9	5995.9	0.195767	1173.8
1978	1963.6	494.5	768.6	3009.3	6236	0.20255	1263.1
1979	2010.1	517.7	814.9	3073.7	6416.4	0.207687	1332.6
1980	2019.1	512	835.1	3256.9	6623.1	0.203394	1347.1
1981	2052.4	520.7	865.1	3207.5	6645.7	0.208526	1385.8
1982	2075.8	512.4	906.6	3251.2	6746	0.210347	1419
1983	2114.5	552.4	973.7	3240.6	6881.2	0.221778	1526.1
1984	2197.9	585.9	1038	3320.2	7142	0.227373	1623.9
1985	2229.6	606.2	1100.5	3415.8	7352.1	0.232138	1706.7
1986	2281.3	619.5	1170.7	3494.8	7566.3	0.236602	1790.2
1987	2339.2	634.1	1246.9	3609.1	7829.3	0.240251	1881
1988	2366.3	651.3	1297.2	3726.7	8041.5	0.242306	1948.5
1989	2423	658.8	1327.7	3831.2	8240.7	0.24106	1986.5
1990	2426.9	655.2	1334.6	3919.8	8336.5	0.238685	1989.8
1991	2405.5	662	1317.1	3980.2	8364.8	0.236599	1979.1

续表

年份	商业、旅馆、饭店	运输、仓储、通讯	金融保险、不动产、产业服务	社会团体和个人服务	服务业总就业人数	百分比	知识密集服务业就业人数
1992	2435.4	662.7	1250.2	4146.8	8495.1	0.225177	1912.9
1993	2476.9	688.4	1299.1	4236.1	8700.5	0.228435	1987.5
1994	2561.2	702.3	1302.8	4329.5	8895.8	0.225399	2005.1
1995	2607.1	721	1368.9	4405.2	9102.2	0.229604	2089.9
1996	2649.7	745	1418	4461.4	9274.1	0.23323	2163
1997	2677.7	789	1476.8	4552.1	9495.6	0.238616	2265.8
1998	2720.3	792	1545.2	4612.1	9669.6	0.241706	2337.2
1999	2732.5	802	1678.3	4521	9733.8	0.254813	2480.3
2000	2764	829.4	1794	4434	9821.4	0.267111	2623.4
2001	2787	802	1876	4231	9696	0.276196	2678
2002	2792	785	1987	4090	9654	0.287135	2772
2003	3021	732	2123	3867	9743	0.293031	2855
2004	3045	678	2300	3621	9644	0.308793	2978
2005	3071	618.4	2449.6	3198.1	9337.1	0.328582	3068
2006	3080.2	626.9	2535.9	3237.8	9480.8	0.333601	3162.8
2007	3051.9	645.7	2610.8	2694.5	9002.9	0.361717	3256.5
2008	3038	650.1	2576.8	3339	9603.9	0.335999	3226.9

资料来源：根据《国际统计年鉴》1995～2009年的美国数据计算所得，中国统计出版社。

美国服务业的知识密集度相对比较高，从1976年的0.2左右上升到2007年的0.36，总共上升了大约0.16个百分点，服务

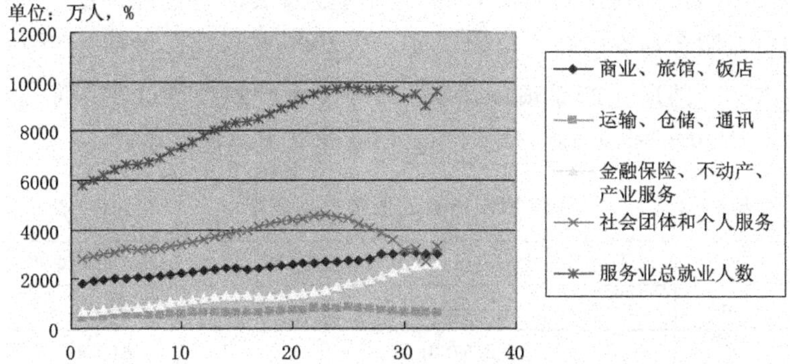

图6－8 美国各分支服务行业部门就业人数及比重

资料来源：根据《国际统计年鉴》1995～2009年的美国数据计算所得，中国统计出版社。

业的发达程度通过其涵盖的知识密集程度反映。知识密集度越高，说明美国现代服务业智力密集性以及相应的服务产出附加值性越高（见图6－9）。

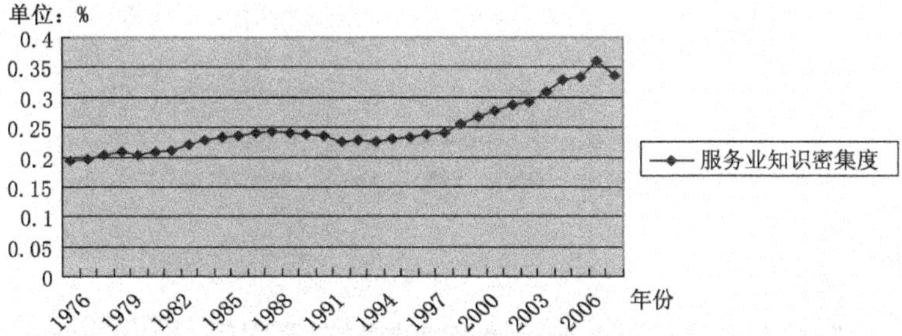

图6－9 美国服务业知识密集度

资料来源：根据《国际统计年鉴》1995～2008年的美国数据计算所得，中国统计出版社。

此外，美国现代工业化的技术进步还表现在政府对科技研发的鼓励。美国政府部门及相关研究机构对研发费用的支出增加反映了美国在现代工业化的进程中制造业发展的先进性，也反映了制造业服务性部门的支出的程度。从1996年后美国的研发费用几乎占整个国民生产总值的2.5%。研发人员的数量也在不断地增加，从1996年到2007年，已达4700多万人，如表6－2所示。

表6－2　美国制造业的服务支出程度　单位:%，百万人

年份	研究开发支出占国民生产总值的比重	研发人员的总数
1996	2.548111	40.24
1997	2.57801	41.79
1998	2.610057	42.99
1999	2.664309	44.32
2000	2.745791	44.81
2001	2.761431	45.35
2002	2.659595	45.66
2003	2.656179	48.18
2004	2.5807	46.48
2005	2.61216	45.84
2006	2.648592	46.63
2007	2.670289	47.66

资料来源：根据《国际统计年鉴》1995～2008年的美国数据计算所得，中国统计出版社。

为了更好地解释生产者服务业与制造业之间的关系，本书用制造业与生产者服务业的相关数据进行实证检验。选取美国从1970年到2006年共37年制造业、生产者服务业的产值及就业人数的数据，对制造业的劳动生产率与生产者服务业产值之间的关系进行计量检验，以期验证生产者服务业与制造业之间的动态、互动的关系，进而证实全球发达国家制造与服务正在走向不

断融合的发展趋势，也从另一方面验证了本书在第三章提出的命题。

（一）变量的描述性统计

变量的描述性统计见表 6 – 3 所示。

表 6 – 3 美国 1970 ~ 2006 年间变量的描述性统计

单位：万人，亿美元

年份	制造业产值（AMP）	制造业就业人数（AME）	制造业全员劳动生产率（AMSP）	生产者服务业产值（ASP）	生产者服务业人数（ASE）	生产者服务业全员劳动生产率（ASSP）
1970	721	934.9	0.771205	935.6712	587.7	1.558618
1971	742	1582	0.469027	1582.469	640.6	1.492351
1972	829	1909	0.434259	1909.434	715.3	1.391025
1973	865	2006.8	0.431034	2007.231	763.1	1.347137
1974	901	2004.6	0.449466	2005.049	809.8	1.352186
1975	934	1834.7	0.509075	1835.209	841.3	1.326518
1976	967	2026.1	0.477272	2026.577	1113.6	1.038973
1977	1021	2088.9	0.488774	2089.389	1173.8	1.010394
1978	1219	2178.4	0.559585	2178.96	1263.1	0.968253
1979	1492	2245.8	0.664351	2246.464	1332.6	0.968783
1980	1653	2194.2	0.75335	2194.953	1347.1	1.011803
1981	1895	2181.7	0.868589	2182.569	1385.8	1.057873
1982	2012	2028.6	0.991817	2029.592	1419	1.048626

续表

年份	制造业产值（AMP）	制造业就业人数（AME）	制造业全员劳动生产率（AMSP）	生产者服务业产值（ASP）	生产者服务业人数（ASE）	生产者服务业全员劳动生产率（ASSP）
1983	2108	1994.6	1.056854	1995.657	1526.1	0.999934
1984	2232	2099.5	1.06311	2100.563	1623.9	0.967424
1985	2267	2087.9	1.08578	2088.986	1706.7	0.935138
1986	2546	2096.2	1.214579	2097.415	1790.2	0.909396
1987	2598	2093.5	1.240984	2094.741	1881	0.885699
1988	2659	2132	1.247186	2133.247	1948.5	0.877598
1989	2781	2165.2	1.284408	2166.484	1986.5	0.884974
1990	2861	2118.4	1.350548	2119.751	1989.8	0.903106
1991	2815	2043.4	1.377606	2044.778	1979.1	0.981759
1992	2921	1997.2	1.462548	1998.663	1912.9	1.106174
1993	2654	1955.7	1.357059	1957.057	1987.5	1.126038
1994	2314	2010.3	1.151072	2011.451	2005.1	1.367513
1995	2066	2049.3	1.008149	2050.308	2089.9	1.434997
1996	1821	2051.8	0.887513	2052.688	2163	1.591771
1997	1653	2083.5	0.793377	2084.293	2265.8	1.638715
1998	1642	2073.3	0.791974	2074.092	2337.2	1.746106
1999	1587	2029.4	0.782005	2030.182	2480.3	1.8655
2000	1543	1994	0.773821	1994.774	2623.4	2.034002

续表

年份	制造业产值（AMP）	制造业就业人数（AME）	制造业全员劳动生产率（AMSP）	生产者服务业产值（ASP）	生产者服务业人数（ASE）	生产者服务业全员劳动生产率（ASSP）
2001	1578	1965	0.803053	1965.803	2678	2.273338
2002	1600	1864	0.858369	1864.858	2772	2.212482
2003	1613	1723	0.936158	1723.936	2855	2.166025
2004	1615	1697	0.951679	1697.952	2978	2.108798
2005	1642	1625.3	1.010275	1626.31	3068	2.102347
2006	1692	1637.7	1.033156	1638.733	3162.8	2.145883

资料来源：根据《国际统计年鉴》1995～2008年的美国数据计算所得，中国统计出版社。

从表6－3中变量的描述性统计中可以看出，美国在1970年之后，制造业的产值经历了先加速增长后缓慢下降的趋势，与此相对应的是制造业的就业人数也表现出同样的变化趋势。而生产者服务业的产值变化有些曲折，但是其就业人数是逐年增加的。在1970～2006年间，制造业与生产者服务业的劳动生产率整体水平得以提高，如下图所示，生产者服务业的劳动生产率在大部分年份都普遍高于制造业的劳动生产率，尤其是在1970年到1982年间，美国的制造业的就业人数经历了先增加后减少的趋势，而生产者服务业的就业人数一直处于上升局面。从两者的劳动生产率比较来看，生产者服务业的劳动生产率在大部分年份是高于制造业劳动生产率的，只有在1985～1994年之间制造业的劳动生产率略高于生产者服务业的劳动生产率。其他年份生产者服务业的劳动生产率几乎是制造业劳动生产率的2倍，这说明制造业在生产技术、经验管理、就业人员的熟练程度是低于生产者服务业的（见图6－10）。

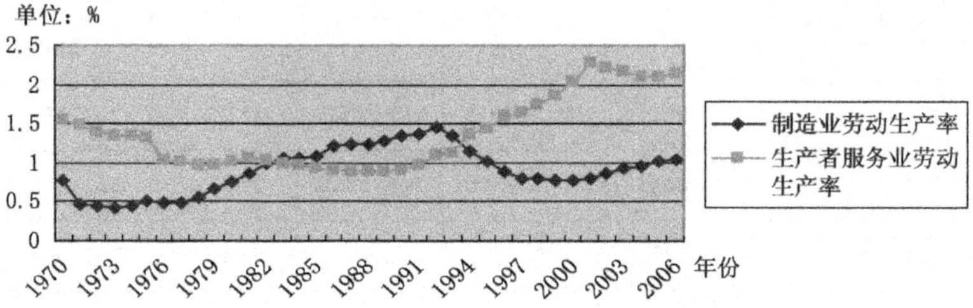

图6－10 美国1970～2006年间制造业与生产者服务业全员劳动生产率变化趋势

资料来源：根据《国际统计年鉴》1995～2008年的美国数据计算所得，中国统计出版社。

（二）数据的平稳性验证

数据的平稳性验证见表6－4所示。

表6－4 各变量单位根检验结果

阶数	变量	ADF检验值	1%临界值	5%临界值	10%临界值	P值
0阶	AMSP	－2.65606	－3.6329	－2.9484	－2.61287	0.0919
	ASP	－0.59933	－3.67932	－2.96777	－2.62299	0.8559
	AME	－2.24962	－3.63941	－2.95113	－2.6143	0.1935
	ASSP	－0.2213	－3.6329	－2.9484	－2.61287	0.9264
1阶	AMSP	－4.42352	－3.6329	－2.9484	－2.61287	0.0012
	ASP	－3.74668	－3.71146	－2.98104	－2.62991	0.0092
	AME	－2.44759	－3.6329	－2.9484	－2.61287	0.1367

续表

阶数	变量	ADF 检验值	1%临界值	5%临界值	10%临界值	P 值
1 阶	ASSP	-3.62454	-3.6329	-2.9484	-2.61287	0.0095
2 阶	AME	-8.06699	-3.63941	-2.95113	-2.6143	0.0001
	ASSP	-9.39976	-3.63941	-2.95113	-2.6143	0.0012

注：在 Eviews 6.0 环境下运行，检验中依据的是 SIC 准则，最长的滞后长度（LAG）等于 9。

在判断时间序列数据是否具有平稳性的时候，一般用单位根检验。通常情况下，数据都是非平稳，在 0 阶状态下无法通过检验。上表中，制造业生产率与生产者服务业这两个指标的单位根检验在 0 阶是不平稳的，即 ADF 值的绝对值均小于在各临界水平下的值，进行一阶数列检测，ADF 值才超过各临界水平，达到了平稳状态。而制造业产值与生产者服务业的劳动生产率指标在 0 阶、1 阶下都无法通过检验，只有在 2 阶的时候，才充分具备了检验后的数据平稳性。只有通过了数据的平稳性检验，才能对不平稳的数据进行差分，消除数据的不平滑的噪声因素。因而，对各个指标变量差分，继而得出平稳性的时间序列，如表 6-5 所示。

表 6-5　　差分处理后的数据

一阶差分处理			二阶差分处理		
NA	NA	NA	NA	NA	NA
-0.30218	40	21	-0.06627	NA	NA
-0.03477	39	87	-0.10133	66	66
-0.00322	33	36	-0.04389	-51	-51
0.018432	67	36	0.005049	0	0

续表

一阶差分处理			二阶差分处理		
NA	NA	NA	NA	NA	NA
0.059609	21	33	-0.02567	-3	-3
-0.0318	41	33	-0.28755	0	0
0.011502	29	54	-0.02858	21	21
0.070811	37	198	-0.04214	144	144
0.104766	68	273	0.00053	75	75
0.088999	72	161	0.04302	-112	-112
0.115239	103	242	0.04607	81	81
0.123228	22	117	-0.00925	-125	-125
0.065036	38	96	-0.04869	-21	-21
0.006257	45	124	-0.03251	28	28
0.02267	25	35	-0.03229	-89	-89
0.128799	32	279	-0.02574	244	244
0.026405	38	52	-0.0237	-227	-227
0.006202	44	61	-0.0081	9	9
0.037222	48	122	0.007375	61	61
0.06614	39	80	0.018132	-42	-42
0.027058	146	-46	0.078654	-126	-126
0.084942	173	106	0.124414	152	152
-0.10549	122	-267	0.019864	-373	-373
-0.20599	504	-340	0.241475	-73	-73
-0.14292	257	-248	0.067484	92	92
-0.12064	444	-245	0.156774	3	3

续表

一阶差分处理			二阶差分处理		
NA	NA	NA	NA	NA	NA
-0.09414	270	-168	0.046944	77	77
-0.0014	368	-11	0.107392	157	157
-0.00997	546	-55	0.119394	-44	-44
-0.00818	1437	-44	0.168502	11	11
0.029232	24	35	0.239337	79	79
0.055316	45	22	-0.06086	-13	-13
0.077789	51	13	-0.04646	-9	-9
0.015522	96	2	-0.05723	-11	-11
0.058596	170	27	-0.00645	25	25
0.022881	337	50	0.043537	23	23

注：第一行的NA表示一阶差分处理后的数据第一个数值是缺失，第二行的NA表示二阶差分处理后的第二个数值亦缺失。

（三）美国制造业与生产者服务业融合发展的实证检验

只有完成了数据的平稳性检验，才能对两者的关系进行检验。两者互动的关系，实质上就是判断一个变量与另一变量是否具有一定的关联度的问题。本书选择运用Granger因果关系来系统地阐释两者之间的关系。Granger检验法是计量经济领域里常用的方法，说明现在的变量能够在多大程度上被过去的变量解释，及加入变量的滞后值解释程度是否提高。如果一个变量在其他变量的预测中有帮助，或两者的相关系数在统计上显著时，就可以说是由Granger引起的，如表6-6所示。

表 6-6　　美国制造业与生产者服务业的互动关系

滞后阶数	Null Hypothes is:	F - Statistic	决定	Probability
1	AMP does not Granger Cause ASSP	8.68551	拒绝	0.0058
	ASSP does not Granger Cause AMP	6.89342	拒绝	0.013
	ASP does not Granger Cause AMSP	0.1429	接受	0.7078
	AMSP does not Granger Cause ASP	0.08614	接受	0.771
2	AMP does not Granger Cause ASSP	3.92782	拒绝	0.0561
	ASSP does not Granger Cause AMP	1.46835	接受	0.2345
	ASP does not Granger Cause AMSP	0.16744	接受	0.8466
	AMSP does not Granger Cause ASP	0.79931	接受	0.459
3	ASP does not Granger Cause AMSP	0.01894	接受	0.9964
	AMSP does not Granger Cause ASP	0.81059	接受	0.4991
4	ASP does not Granger Cause AMSP	0.05965	接受	0.993
	AMSP does not Granger Cause ASP	1.28512	接受	0.3036
5	ASP does not Granger Cause AMSP	0.10437	接受	0.9901
	AMSP does not Granger Cause ASP	1.49146	接受	0.2348
6	ASP does not Granger Cause AMSP	0.24679	接受	0.9544
	AMSP does not Granger Cause ASP	1.61729	接受	0.1996
7	ASP does not Granger Cause AMSP	0.16648	接受	0.9884
	AMSP does not Granger Cause ASP	5.7708	拒绝	0.0022

注：(1) 原假设的是一个变量不是另一变量的“Granger 原因”。(2) 判断两个变量之间的原因，本书采用对 F - Statistic 及 p 值两个因子进行考核，F - Statistic 在 5% 水平的水平是显著的，其临界的 F 值是 2.50，而 p 值的参考值为 0.1。

从实证的结果来看，美国在滞后 1 期的情况下，生产者服务业劳动生产率是制造业产值的“Granger”原因，制造业也是生产者服务劳动生产率的“Granger”原因。因而，也充分地说明了制造业产值离不开生产者服务业劳动贡献，两者之间的关系是互动的。在滞后2期生产者服务业劳动生产率也是制造业的“Granger”原因。直到滞后7期的条件下，生产者服务业是制造业劳动生产率的“Granger”原因，表现在生产者服务业的发展对制造业内部的劳动生产率有一定程度显著的影响。综合来看，实证的结果能够充分反映制造业与生产者服务业的互动融合关系。

（四）变量的自回归与脉冲实验

为了进一步证实美国制造业与生产者服务业两者的互动关系，需要对变量进行自回归及脉冲响应的实验。各个变量的自回归估计及统计检验见表6-7、表6-8。

表6-7 各个变量的自回归估计

	AMSP（-1）	AMSP（-2）	ASP（-1）	ASP（-2）	C
AMSP	0.475151	0.149887	-77.0179	-316.702	15.37025
	-0.17621	-0.17825	-212.583	-207.843	-19.1757
t值	[2.69646]	[0.84087]	[-0.36230]	[-1.52376]	[0.80155]
ASP	-0.00027	0.000112	0.24772	0.176202	0.019034
	-0.00015	-0.00015	-0.17866	-0.17467	-0.01612
t值	[-1.80502]	[0.74834]	[1.38656]	[1.00875]	[1.18111]

注：所有数据在Eviews6.0环境下运行。

表6-8 变量自回归的统计检验

R-squared	0.553397	0.311054
Adj. R-squared	0.491797	0.216027

续表

Sum sq. resids	307817.3	0.217411
S. E. equation	103.0262	0.086585
F - statistic	8.98367	3.273316
Log likelihood	-203.129	37.6456
Akaike AIC	12.2429	-1.92033
Schwarz SC	12.46736	-1.69587
Mean dependent	25.38235	0.022202
S. D. dependent	144.5203	0.097789

统计结果表明制造业与生产者服务业的相关指标统计结果显示良好，通过了 t 检验，满足赤瓦则准则，变量之间有定向的关系，并未出现多重共线性的问题。下面接着对四个变量之间分别做脉冲实验，见图 6 - 11 至图 6 - 14 所示。

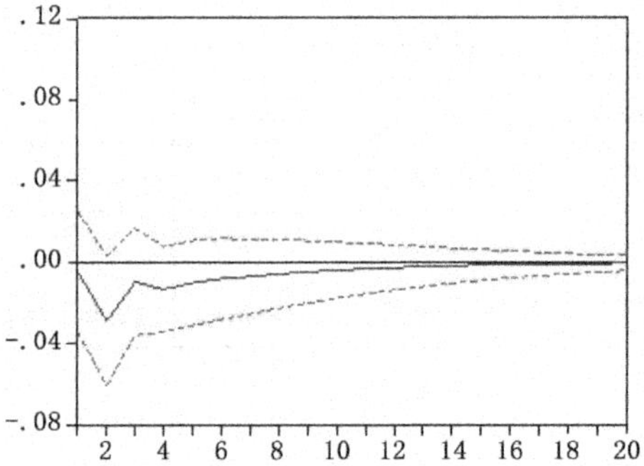

图 6 - 11　美国生产者服务业劳动生产率对制造业产值的影响（period = 20）

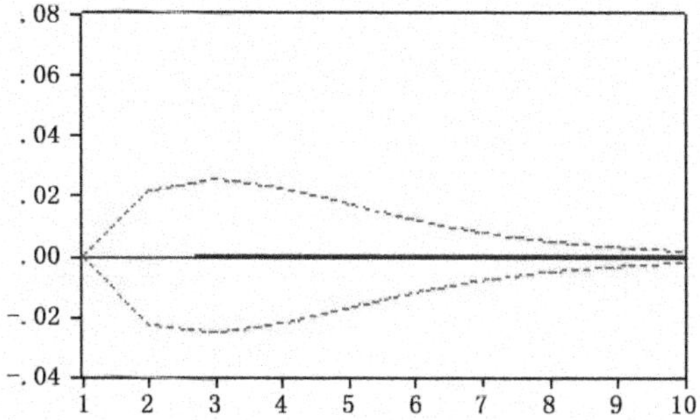

图 6－12 美国制造业产值对生产者服务业生产率的影响（period＝10）

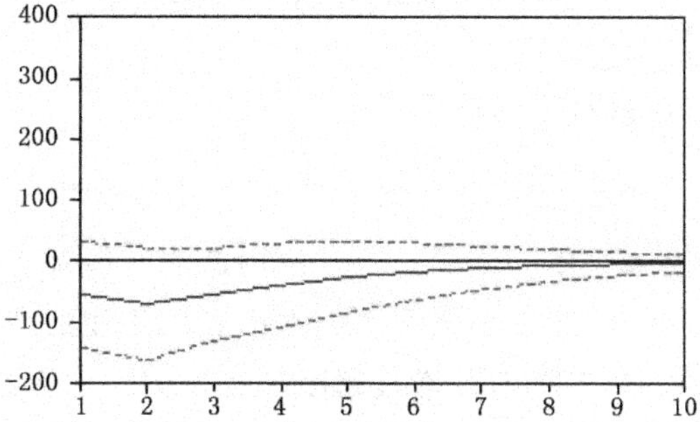

图 6－13 美国生产者服务业生产率对制造业产值的影响（period＝10）

实证的结果表明不论是生产者服务业的劳动生产率与制造业的产值之间，还是制造业劳动生产率与生产者服务业产值之间都是具有一定的关系的，并且在未来的 10 或 20 个滞后期内，两者模拟的数据都具有收敛的趋势，说明制造业与生产者服务业两者相互影响，能够融合发展。

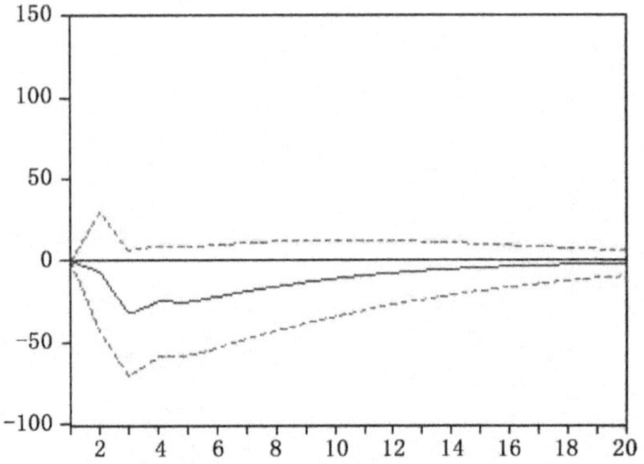

图 6－14 美国制造业产值对生产者服务业劳动生产率的影响（period＝20）

6.3.2 来自日本的验证

1970 年日本的工业化技术水平已接近于欧美发达国家，并开始步入现代工业化的历程。日本的制造业产值基本上呈上升趋势，只在个别年份出现小幅回落，生产者服务业的产值在逐渐扩大。在短短的 30 多年间，增长幅度超过 3 倍，如表 6－9 所示。

表 6－9 日本制造业与生产者服务业的产值及就业人数 单位：万人，百万美元，%

年份	制造业产值	人数	生产者服务业产值	人数	制造业劳动生产率	生产者服务业劳动生产率
1970	43507	1377	33492	456	31.5955	73.44737
1971	45621	1380	33980	466	33.0587	72.91845
1972	46754	1383	37146	476	33.80622	78.03782
1973	46853	1443	38859	496	32.46916	78.34476

续表

年份	制造业产值	人数	生产者服务业产值	人数	制造业劳动生产率	生产者服务业劳动生产率
1974	54322	1427	42618	494	38.06727	86.27126
1975	56909	1346	45863	502	42.28009	91.36056
1976	58910	1345	48210	617	43.79926	78.13614
1977	61210	1340	52103	627	45.6791	83.09888
1978	63256	1326	52599	638	47.70437	82.44357
1979	68905	1333	54883	659	51.69167	83.28225
1980	71482	1367	56492	667	52.29115	84.69565
1981	73214	1385	57625	676	52.86209	85.24408
1982	78900	1380	62186	698	57.17391	89.09169
1983	82104	1406	64967	716	58.39545	90.73603
1984	87965	1438	68274	724	61.17177	94.30110
1985	94673	1453	70417	735	65.15692	95.80544
1986	92113	1444	73879	768	63.79017	96.19661
1987	98860	1425	78243	786	69.37544	99.54580
1988	107999	1454	83436	806	74.27717	103.51860
1989	116619	1484	88975	848	78.58423	104.92330
1990	125492	1505	90277	891	83.38339	101.32100
1991	132832	1550	92049	915	85.69806	100.60000
1992	121219	1569	100812	931	77.25876	108.28360
1993	120841	1530	105637	941	78.98105	112.26040
1994	119986	1493	108696	948	80.36571	114.65820
1995	126554	1456	109419	957	86.91896	114.33540

续表

年份	制造业产值	人数	生产者服务业产值	人数	制造业劳动生产率	生产者服务业劳动生产率
1996	134300	1445	113408	972	92.94118	116.67490
1997	138368	1442	117100	987	95.95562	118.64240
1998	134210	1382	118885	998	97.11288	119.12320
1999	125648	1359	121506	1031	92.45622	117.85260
2000	111000	1321	123564	1059	84.02725	116.67990
2001	110782	1319	122337	1110	83.98939	110.21350
2002	109236	1289	125587	1118	84.74476	112.33180
2003	106342	1243	127532	1131	85.5527	112.76040
2004	105675	1205	128673	1177	87.6971	109.32290
2005	108375	1169	130440	1271	92.70744	102.62790
2006	109212	1191	129028	1292	91.69773	99.86687
2007	112130	1198	131444	1313	93.59766	100.10970
2008	123090	1174	134102	1326	104.8467	101.13270

注：本书采用大多数学者对生产者服务业的分类与界定，并结合数据的可获得性，把生产者服务业视为是集运输、仓储、邮电、通讯、金融、保险、不动产及工商服务为一体的行业总和。

资料来源：根据《国际统计年鉴》1995～2009年的日本数据计算所得，中国统计出版社。

从表6－9可看出，日本制造业及生产者服务业的劳动生产率在逐渐提高。在1970～1975年间，生产者服务业的劳动生产率基本上是制造业劳动生产率的2倍，说明生产者服务业发展的势头较猛，到1975年之后，日本开始注重先进制造业的发展，形成了制造业与生产者服务业齐头并进的趋势，大部分年份制造业的劳动生产率略低于生产者服务业的劳动生产率，但在个别年份，如2008年制造业的劳动生产率反而超过了生产者劳动生产率，超过近3.714个百分点。制造业的飞速发展是日本现代工业化进程中的显著特征，从其技术密集度可以看出，日本制造业中的专业设备的精细程度较高，专业设备占制造业生产指数比重都超过1，尤其在1994年到1995年间，专业设备的利用率增长幅度近0.9个百分点（见图6－15）。

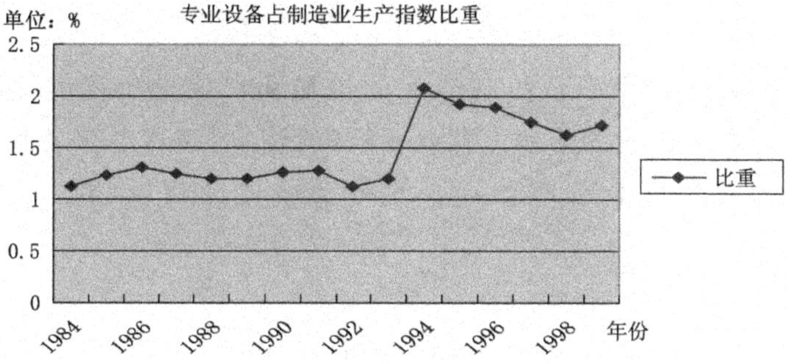

图6－15 日本制造业技术密集度

资料来源：根据《国际统计年鉴》1995～2009年的日本数据计算所得，中国统计出版社。

日本服务业的知识密集度也相当高，基本都在0.135的百分点之上，虽然个别年份有所回落，但整体趋势逐渐上涨。在日本的服务业产值贡献中生产者服务业占有的比重最高，因而表现出的整体知识密集程度也处于较高位置（见图6－16）。

从日本的制造业的就业结构和生产者服务业的就业结构相比来看，日本的制造业的就业结构逐渐下降，而生产者服务业的就业结构是上升的。这与日本制造业逐渐转变发展模式有关。近些年，由于日本在企业产业生产模式方面大量使用高科

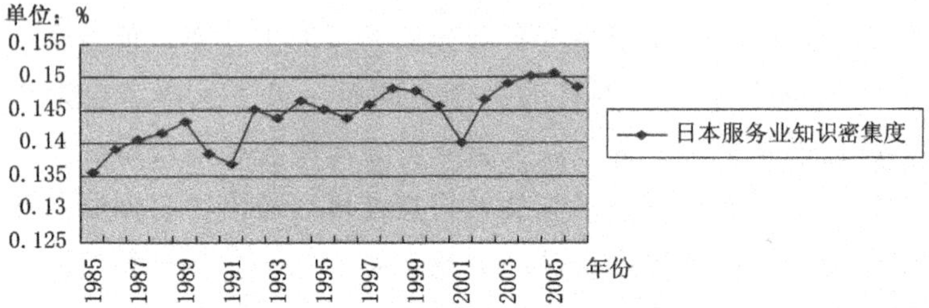

图 6-16　日本服务业知识密集度

资料来源：根据《国际统计年鉴》1995～2009 年的日本数据计算所得，中国统计出版社。

技、信息化的平台，使制造业的机械化、信息化程度逐渐提高，日本制造业的劳动力就业逐渐降低，而随着生产者服务业的大力发展，生产者服务业的劳动就业会逐渐增加（见图 6-17）。

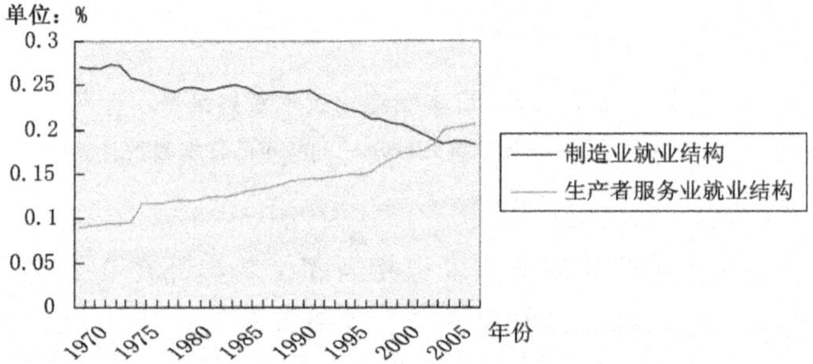

图 6-17　日本制造业与生产者服务业就业结构

资料来源：根据《国际统计年鉴》1995～2009 年的日本数据计算所得，中国统计出版社。

日本在现代工业化期间还有一个显著的特征就是其服务贸易的对外依存度逐渐增加。在 1998 年之后增长的势头更为猛烈，下图反映出这种急剧上升的变化趋势（见图6－18）。

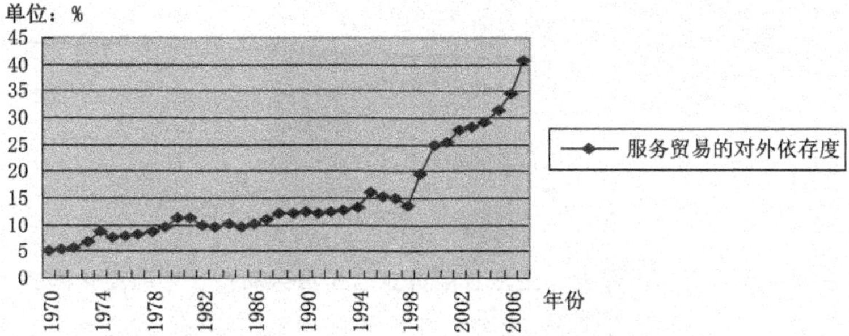

图6－18　日本服务贸易的对外依存度

资料来源：根据《国际统计年鉴》1995～2009年的日本数据计算所得，中国统计出版社。

接着本书采用同样的方法，对日本的制造业及生产者服务业之间的关系进行验证。样本期间选择1970年到2008年，观测个数为39个，如图6－19、图6－20、表6－10所示。

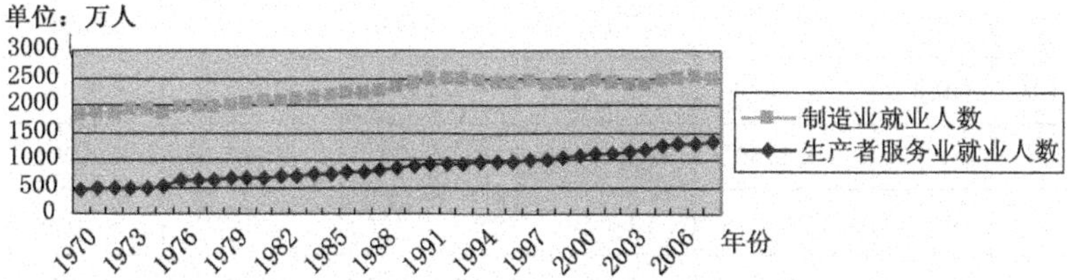

图6－19　日本制造业与生产者服务业的就业状况

注：与发达国家美国不同的是，日本的制造业的就业人数一直都保持稳定的小幅增长，而生产者服务业的就业人数也一直增长，但生产者服务业增加的趋势要比制造业更为明显。从日本制造业与生产者服务业的劳动生产率的变化趋势可看出，制造业的劳动生产率普遍高于生产者服务业的劳动生产率。

资料来源：根据《国际统计年鉴》1995～2009年的日本数据计算所得，中国统计出版社。

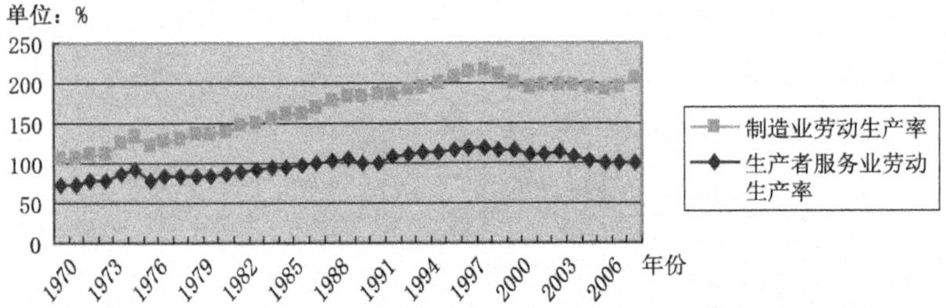

图 6-20 日本制造业与生产者服务业的全员劳动生产率的变化趋势

资料来源：根据《国际统计年鉴》1995~2009 年的日本数据计算所得，中国统计出版社。

表 6-10 各变量单位根检验结果

阶数	变量	ADF 检验值	1% 临界值	5% 临界值	10% 临界值	P 值
0 阶	JMSP	-0.73879	-3.61559	-2.94115	-2.60907	0.8246
	JSP	-0.9156	-3.61559	-2.94115	-2.60907	0.7724
	JME	-1.47413	-3.62102	-2.94343	-2.61026	0.5354
	JSSP	-1.99346	-3.62102	-2.94343	-2.61026	0.2883
1 阶	JMSP	-4.08396	-3.62102	-2.94343	-2.61026	0.003
	JSP	-5.27426	-3.62102	-2.94343	-2.61026	0.0001
	JME	-3.63544	-3.62102	-2.94343	-2.61026	0.0104
	JSSP	-5.94073	-3.62102	-2.94343	-2.61026	0.001

注：上述计量实验均在 Eviews 6.0 环境下运行，检验中依据的是 SIC 准则，最长的滞后长度（LAG）等于 9。

同样对日本制造业生产率与生产者服务业这两个指标进行单位根检验，在检验的过程中 0 阶是未通过的，但在 1 阶时数据都通过了检验，才具备数据的平稳性。对进行平稳检验的数据进行差分处理，如表 6-11 所示。

表 6－11 差分处理后的数据（日本）

一阶		二阶	
NA	NA	NA	NA
1.463198	488	2114	－0.52891
0.747523	3166	1133	5.11936
－1.33706	1713	99	0.306943
5.598113	3759	7469	7.926497
4.212815	3245	2587	5.089303
1.519167	2347	2001	－13.2244
1.879848	3893	2300	4.962741
2.02527	496	2046	－0.65531
3.987299	2284	5649	0.838672
0.599476	1609	2577	1.413406
0.570945	1133	1732	0.548431
4.311819	4561	5686	3.847608
1.221535	2781	3204	1.644343
2.776318	3307	5861	3.565071
3.98515	2143	6708	1.504337
－1.36675	3462	－2560	0.391172
5.585272	4364	6747	3.349187
4.901728	5193	9139	3.972809
4.307065	5539	8620	1.404739
4.799157	1302	8873	－3.60236
2.314676	1772	7340	－0.72099
－8.4393	8763	－11613	7.683566

续表

一阶		二阶	
NA	NA	NA	NA
1.722282	4825	-378	3.976795
1.384661	3059	-855	2.397867
6.553249	723	6568	-0.32281
6.02222	3989	7746	2.339474
3.014441	3692	4068	1.967454
1.157263	1785	-4158	0.480896
-4.65666	2621	-8562	-1.27068
-8.42897	2058	-14648	-1.17268
-0.03787	-1227	-218	-6.46637
0.755377	3250	-1546	2.118329
0.807932	1945	-2894	0.428546
2.1444	1141	-667	-3.43753
5.010347	1767	2700	-6.695
-1.00971	-1412	837	-2.76098
1.89993	2416	2918	0.242799
11.24902	2658	10960	1.023057

注：第一行的 NA 表示一阶差分处理后的数据第一个数值是缺失的。

在进行单位根检验后，本书对日本制造业及生产者服务业的关系进行定量的考察，方法运用计量经济领域的 Granger 因果检验。所做的实验结果如表 6-12 所示。

表 6－12　日本制造业与生产者服务业的互动关系

滞后阶数	Null Hypothes is:	F－Statistic	决定	Probability
1	JMP does not Granger Cause JSSP	9.70901	拒绝	0.0037
	JSSP does not Granger Cause JMP	0.86498	接受	0.3587
	JSP does not Granger Cause JMSP	1.3532	接受	0.2526
	JMSP does not Granger Cause JSP	9.19911	拒绝	0.0045
2	JMP does not Granger Cause JSSP	4.85968	拒绝	0.0144
	JSSP does not Granger Cause JMP	0.05996	接受	0.9419
	JSP does not Granger Cause JMSP	3.18096	拒绝	0.055
	JMSP does not Granger Cause JSP	3.71079	拒绝	0.0355
3	JSP does not Granger Cause JMSP	1.86915	接受	0.1569
	JMSP does not Granger Cause JSP	3.1144	拒绝	0.0414
4	JMP does not Granger Cause JSSP	5.03409	拒绝	0.0063
	JSSP does not Granger Cause JMP	0.24397	接受	0.8649
5	JMP does not Granger Cause JSSP	3.7243	拒绝	0.0159
	JSSP does not Granger Cause JMP	0.51303	接受	0.7267
6	JMP does not Granger Cause JSSP	4.1361	拒绝	0.0079
	JSSP does not Granger Cause JMP	0.67194	接受	0.6488

在滞后一期的情况下，日本的制造业产值是生产者服务业劳动生产率的格兰杰原因，制造业劳动生产率是生产者服务业产值的格兰杰原因。说明在短暂的滞后一期，日本制造业的产出的增加与生产者服务业劳动生产率的提高是相互影响的，生产者服务业产值的增加也与制造业劳动生产率的提高有很大的关联。在滞后二期制造业产出是生产者服务业劳动生产率的格兰杰原因。直到滞后 n 期（n = 3、4、5、6）制造业的劳动生产率的发展对生产者

服务业的产值及制造业产值对生产者服务业的劳动生产率在一定程度内具有显著影响。可以充分反映出，日本制造业的发展与生产者服务业的发展是同步进行的，制造业内部劳动生产率的提高促进了制造业的发展，也对生产者服务业的发展起到了促进的作用。生产者服务业的劳动生产率的提高能反过来促进制造业的产值的增加。这都充分证明了日本的制造与服务的发展是相互融合的。

日本生产者服务业劳动生产率与制造业之间具有一定的关联度，在未来的10个或30个滞后期内，变量的数据具有收敛的趋势，说明日本制造业与生产者服务业在若干期之后是相互融合的，如图6－21、图6－22所示。

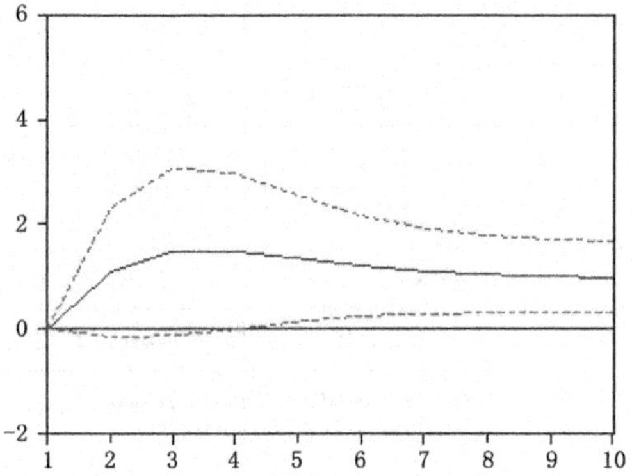

图6－21　日本制造业劳动生产率对生产者服务业的影响（period＝10）

综合来看，从20世纪70年代之后，无论是已顺利完成传统工业化的美国，还是利用后发优势迅速完成传统工业化的日本，都将表现出现代工业化的服务型趋势。主要表现为制造业向先进的高、精、密的技术方向发展，技术密集程度逐渐升高，制造技

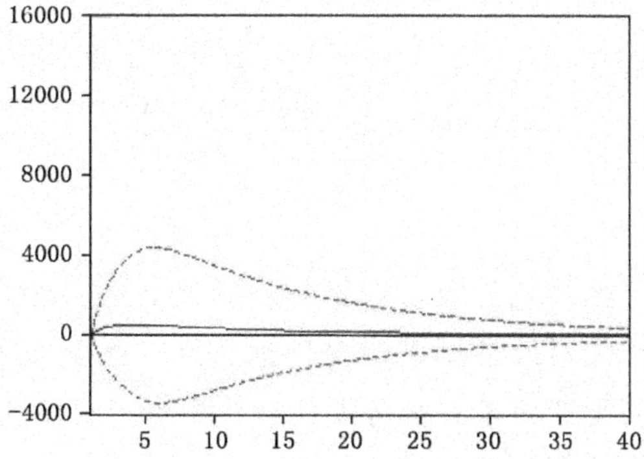

图 6－22　日本制造业劳动生产率对生产者服务业的影响（period＝40）

术的发展主要是为了更加响应市场上灵活、快速的变化及需求。服务业在整个现代工业化发展过程中起到了举足轻重的作用。美国、日本这些发达国家的服务业增长的数据也充分表明，在现代工业化中服务经济之所以发展如此迅速，源于在工业化发展过程中制造业内部分工的细化，由此滋生出的更多的专业化分工及产业分工体系，使得生产者服务这一类知识密集型的服务业发展远远超出传统服务业，成为现代经济发展的重要力量。Walk（1993）等学者也一致认为生产者服务是制造企业“内部”向“外部”、从“非市场”向“市场”演进的产物，把人力资本及知识、信息资本融入到生产过程中，反映了制造企业内部产业链及资源配置效率的状况。美国及日本在现代工业化过程中制造业与生产者服务业的产值结构、就业结构的演变特征及两者逐渐融合的趋势，就充分证明了本书提出的观点。

6.4 本章小结

本章基于模块化的视角对服务型工业化的实现机制进行了分析与研究。首先对服务型工业化产业融合的机理进行探讨，认为知识与信息的生产要素在服务型工业化生产过程中扮演重要的角色，作为媒介功能的知识模块具有沟通作用，其介入是为制造与服务的融合发展搭建桥梁。因而服务型工业化是一个制造与服务本身边界的模糊并不断融合的过程。在产业发展领域，服务型工业化的实现就是走制造与服务相互补偿的道路。在对服务型工业化产业融合发展的模型设计上，本章把产业分为封闭系统与开放系统两大系统，重点讨论了开放系统内对制造业与生产者服务业在模块层面上融合的设计。通过对发达国家美国及日本的工业化的状况进行考察，并进一步地对制造业与生产者服务业的融合情况用计量方法进行了经验验证，实证结果表明，在美国及日本这两个发达国家的现代工业化属于服务型的，而且其制造与服务的融合已经成为现代工业化发展的趋势。

7 本书的主要结论与研究展望

7.1 本书的主要结论

20世纪70年代后，信息技术革命和知识经济的兴起标志着全球工业化已进入一个全新的时期。服务经济开始居于发展的主导地位，产业的更替及工业化生产分工都将体现为工业化生产过程服务的特征，大规模定制的生产方式广泛地被全球绝大部分的跨国公司所采用。制造业内部的服务部门逐渐脱离并形成独立的生产者服务产业，成为现代服务业的中坚力量。全球产业价值链在工业化生产内部模块分工的基础上，本身也在进行着解构与重构的演化，服务与制造在产业层面的融合等等都将成为现代工业化发展的典型特征，工业化的服务型性质在工业化所包含的广泛内涵中体现出来。正是这样的现实背景推动了全球工业化模式的转型，即从传统的工业化向现代具有服务型特征的工业化模式的转变。

本书从工业化模块分工的视角，对传统工业化的经典理论进行回顾，运用马克思工业化理论及西方工业化结构理论、增长理论、产业贸易等理论，结合当今世界工业化发展的实际状况及趋势，提出服务型工业化的概念模型，并围绕关于工业化的三大主体——企业、产业及产业链的生产方式及运行方式的变革进行分析与研究。把研究的视角集中在三大方面：企业生产方式的变革、产业链在价值层面的分工、制造与服务的产业融合来进一步诠释服务型工业化的核心内涵。从理论层面、经验实证等方面，对现代工业化理论进行探索及实践总结，为正确判断当今全球工业化运行模式探寻科学的依据。本书得出的主要结论有以下几点：

（1）在信息技术革命和知识经济的时代，发达国家主导着世界工业化的发展方向，并进入了一个以服务型工业化为特征的全新时期。本书高度概括出了当代工业化的典型模式——服务型工业化，并揭示了生产方式变革的实质。从动态的角度来看，工业化是一个动态持续发展的过程，体现了生产力的飞速进步，因而服务型工业化本身也是工业化发展到高级状态的一个阶段，是产业结构逐渐从制造业向服务业转变的阶段。从比较静态的角度来看，工业化本质是建立在社会化基础上的一种生产方式。通过这两种经济学的分析视角，来提炼服务型工业化的概念模型。主要从微观、中观两大工业化的主体来阐述服务型工业化的概念。作为一个经济体演化的系统，工业化内部主体的角色转变都突出了“服务型”的倾向，在企业的生产方式的转变上从制造为主导向服务为主导的制造模式的转换，产品生产的分工从线性到模块分工，其中服务模块的作用在现代企业主体中发挥着越来越大的作用。工业化的中观主体——产业组织的变革，从产业价值链的核心价值中突出的服务功能所体现出来。微观与中观主体的变化，势必导致工业化的基础——产业自身的发展演化，信息技术的支撑成为产业边界模糊的有力依据，制造与服务的融合将是现代工业化发展的最终表现形式。

（2）服务型工业化以知识创新与模块化分工为基础，以模块化产业价值链为组织形式，突出了按客户需求进行定制的服务型生产方式，进而在产业层面上表现为先进制造业，成为现代工业化及经济发展中的主导力量。本书从模块化分工的视角揭示了服务型工业化的特征。本书认为服务型工业化是工业化发展到高级阶段所呈现的特征，主要体现在三个层面上：在企业的生产方式上，突出了按客户需求进行定制的服务型生产方式；在产业层面上服务型工业化形成了模块分工的产业价值链，并形成模块化的生产网络与产业集群；在产业结构上，服务型工业化是以服务型为主要特征，显示出现代服务业在产业结构中的突出地位。

（3）服务型工业化的运行机制是产业链在价值层面的解构与重构。引发工业化模式的转型不仅仅是微观层面上的企业，更多是中观层面上涉及产业及产业之间的关系——产业链的问题。本书在对产业链在价值层面上的分工进行深入地分析的基础上，通过刻画产业价值链的运行过程，来突出服务模块作为核心价值在产业链分工过程中的重要作用，更进一步地解释了服务型工业化这个经济系统的运行机制。

（4）制造业服务化是服务型工业化的突出特征，先进制造业与现代服务业相互融合已经成为不可逆转的发展趋势。本书认为制造与服务尤其是生产者服务业的融合是现代工业化的基本趋势。在实证方面，本书通过对两个较为典型的发达国家进行实证检验，说明发达国家作为全球工业化的主导体现出了服务型工业化的特征和发展趋势，这可为发展中国家工业化发展的模式选择提供借鉴与启示。

7.2 进一步研究的展望

世界工业化已经进入了服务型的时代，制造业与生产者服务业的产业融合是全球工业化发展的新趋势。如何正确把握并建立一个现代工业化的发展体系是一个极其重要、宽泛的理论课题。本书的研究虽对当今服务型工业化模式的判断提出自己的观点与看法，但由于工业化本身涉及的内容就极为广泛，再加上作者掌握文献材料及时间、精力等方面的限制，在研究的过程中还存在很多不足。在本书的写作过程中，发现还有很多问题有待于进行下一步的深入研究。

（1）服务型工业化指标体系的完善。工业化的指标体系是针对工业化自身的发展进行评价的，这也是对工业化的发展状态进行全面认识的基础。但是本书在对服务型工业化指标体系的选取和建立过程中，带有一定的主观性，并且不能包罗万象地把所有关联的因素都包括进来，因而对服务型工业化指标体系的设计存在不完善的地方。指标的选取不仅要具有可比性、科学性、客观性及可行性等要求，还要从实际出发，能够真正反映出服务型工业化的内涵与特征来。这方面有待于笔者在今后的学习与工作中继续积累，进一步地进行研究。

（2）在模块化视角下对服务型工业化实践研究的拓展。本书主要把服务型工业化这个命题提出来，通过对全球工业化的主要发展趋势进行定性的判断。但是限于篇幅的限制，本书没有对服务型工业化在全球的其他发展中国家的实践进行细化研究。发展中国家在全球工业化的进程中处于落后差距较大的地位，在置身于经济全球化的形势下，发展中大国已走出封闭状态，实现资源与要素的全球优化分配，享受全球科技革命带来的丰硕成果，以加速本国的工业化进程。但不可否认的是，发达国家在全球化的趋势中始终占绝对优势，利用国际经济旧秩序的原则挤压并控制发展中国家。因而，发展中国家并未成为经济全球化中最大的受益者。发达国家通过把产品内部的劳动密集型、低技术密集型的工序放到劳动和资源丰裕的发展中大国的子公司进行生产，利用自身的技术和资金优势占据着产业价值链的研发、设计、营销的高利润环节，垄断核心技术。发展中国家往往只承担价值链的加工、组装环节，失去对整个产业链的控制主动权。在价值链国际分工中，发展中国家应该更多延长产业链，以价值链低端的加工制造为中心转向以服务为中心，发展服务型为主导的制造模式，来增加制造环节的竞争优势，提升在价值链中的地位。发展中国家作为后起工业化国家，制造业是发展中大国工业化长期发展的主导产业。在经济服务化的全球性影响下，势必顺应全球服务化潮流，以发展现代服务业为经济增长和就业的助推器，通过服务经济发展来带动工业化发展，才能够加快迅速实现工业化。发展中国家工业化将如何依据发达国家工业化的服务化趋势及本国国情来决定自身的工业化道路，这些问题都是有待于进一步研究的。

注释

①罗珉：《大型企业的模块化：内容、意义与方法》［J］，《中国工业经济》，2005（3）。

②青木昌彦：《模块时代——新产业结构的本质》［M］，上海远东出版社2003年版，第23～25页。

③马克思：《资本论》（第1卷）［M］，人民出版社1975年版，第398页。

④《马克思恩格斯选集》（第2卷）［M］，人民出版社1995年版，第102页。

⑤钱纳里：《工业化和经济增长的比较研究》［M］，上海三联书店1989年版，第93页。

⑥钱纳里：《发展的型式：1950～1970》［M］，经济科学出版社1988年版，第56页。

⑦郁义鸿、管锡展：《产业链纵向控制与经济规制》［M］，复旦大学出版社2006年版，第108页。

⑧言青：《信息技术——工业发展的强大技术引擎》［J］，《化工质量》，2005（3）。

⑨马歇尔：《经济学原理》[M]，华夏出版社 2005 年版，第 203 页。

⑩郑凯捷：《分工与产业结构发展——从制造经济到服务经济》，复旦大学博士学位论文，2006 年，第 174 页。

⑪吴福象：《跨国公司制造业的垂直分离》[M]，南京大学出版社 2009 年版，第 65 页。

⑫芮明杰：《中国产业发展的挑战与思路》[J]，《复旦学报》，2004（1）。

⑬顾乃华、陶锋：《现代服务业知识》[M]，广东经济出版社 2010 年版，第 60 页。

⑭李平、狄辉：《产业价值链模块化重构的价值决定研究》[J]，《中国工业经济》，2006（9）。

⑮本书的制造与服务的融合一方面是指在微观层面功能模块上的融合，另一方面是在产业层面上制造业与现代服务业的融合。由于生产者服务是现代服务业的核心，因而本书近似地把两者视为等同。

⑯杨建文：《产业经济学》，上海：学林出版社 2004 年版，第 259 ~ 265 页。

⑰贝尔所谓的后工业社会过于理想，并与工业社会的界限严格划分，忽视物质生产的重要性，抹杀了服务经济消费因建立在物质消费的基础上的前提条件，仅仅把教育、保健、管理及公共服务作为扩展的服务业内容，而没有科学性地预见到生产者服务在社会经济中的作用。

⑱去工业化是工业化的发展过程中制造业的比重及其就业的比例持续下降的过程，这是目前多数学者一致认为的观点。

⑲服务业—工业化是指随着服务业在国民经济比重的提高，生产者服务业的发展极为迅猛，使得制造业与服务业的边界变得

模糊，形成了制造与服务的一体化。因而，本书认为这个观点是比较契合本书所提出的服务型工业化这一命题的，在工业化发展的高级阶段，现代的制造业的发展模式也有了较大的改观，而服务业在其中所起到的作用不仅是降低了制造成本，更降低了分工过程中的交易成本，提高整个产业链的价值。

⑳鲁道夫·吕贝尔：《工业化史》［M］，上海译文出版社1959年版，第54页。

㉑服务一词在本书是指在人类社会从工业社会过渡到后工业社会的过程中，服务在工业化发展过程的作用越发凸显。本书的服务不仅是存在于产业领域中，而且也渗透在生产领域、社会各个层面中。服务成为工业化发展的一个重要趋势，并将贯穿于整个现代经济与社会整体发展的过程。

㉒笔者主要从人类工业化这个漫长的历史阶段进行划分，把人类社会的发展史看成是工业化不断前进的过程，注重了对工业化生产方式的过程进行划分，并尽量做到对过程的细化。

㉓Galbraith结合了Keynes的宏观经济学和马克思的经济理论，形成新工业主义的代表观点。他认为现代的工业生产是以人力资本为主要投入方式，已经不再依靠体力劳动。工业体系对于社会具有统治性的地位，很多服务业如卫生保健、社会和文化服务以及教育在某种程度上是在为工业所需求的新的专业资格服务。因而，工业体系决定了对服务产品的需求。

㉔有些学者把最后一个时期定性为后工业时代，还有学者则直接认为应属于服务经济时代。笔者通过前述分析，认为后工业时代只是笼统而简单地划分工业社会和后工业的界限，并未清晰地标注后工业的特征，无法突出两者的显著性差异。而所谓的服务经济时代是服务经济全面发展并占主导的时代，它实质上建立在后工业化发达阶段之上。从工业化内部主体自身演进的角度与

状态来看，本书把这个阶段视为具有服务性质的服务型工业化时代，一方面比较合理地契合本书的论点，另一方面避免相关的歧义产生。

㉕制造业空心化是指国民经济结构中的制造业的产出与地位的下降，并不断转移到国外生产来降低其成本的过程。这也是产业结构演进过程中出现的必然趋势，当科技的进步带来的生产力的飞跃，产业结构将出现以服务业为主体，非物质性的生产部分将超过物质性生产成为工业化发展过程中的重要趋势。

㉖比较权威的韦伯斯特词典认为再工业化是刺激经济增长的一项政策，通过政府的推动来实现传统工业部门的复兴与改造。再工业化实质也是要求传统工业部门的结构转型，向知识密集型及高附加值的方向转型。

㉗钱纳里：《工业化和经济增长的比较研究》[M]，上海三联书店 1989 年版，第 109 页。

㉘霍夫曼：《工业化的阶段和类型》[M]，上海三联书店 1979 年版，第 40 页。

㉙外生增长理论是新古典模型中把人口与技术这两个外生变量加入到最优的增长模型中来解释发达国家的经济增长模式。

㉚李长伟、董小英、左美云：《知识管理的理论与实践》[M]，北京华艺出版社 2002 年版，第 56 页。

㉛李长玲、邵景：《信息与知识价值链》[J]，《图书情报》，2004（3）。

㉜程吉祥：《信息化带动工业化的主要方式》[J]，《中国信息界》，2003（8）。

㉝与传统工业化的大规模生产的生产方式相对应，大规模定制在本书是作为服务型工业化的生产方式，也是服务型工业化运行的微观基础。因而，这一章是对服务型工业化生产方式——大

规模定制模式进行探讨的章节。

㉞㉟约瑟夫·派恩：《大规模定制：企业竞争的新前沿》[M]，中国人民大学出版社1993年版，第82页。

㊱但斌：《大规模定制——打造21世纪企业核心竞争力》[M]，科学出版社2004年版，第134页。

㊲可参见 Joseph F. Francois. Producer services, scale, and the division of labor. Oxford Economic Papers, 1990, No. 42: 715 - 729.

㊳王朝阳、何德旭：《英国金融服务业的集群式发展：经验及启示》[J]，《世界经济》，2008（3）。

㊴俞荣建：《构建基于模块化的价值创造网络》[J]，《科技进步与对策》，2009（9）。

㊵尹建华、王兆华：《基于价值链的模块化制造网络及其运作模式研究》[J]，《科技进步与对策》，2009（11）。

㊶芮民杰、李想：《网络状产业链构造与运行》[M]，上海人民出版社2009年版，第103页。

㊷徐宏玲、李双海：《价值链形态演变与模块化组织协调》[J]，《中国工业经济》，2005（11）。

㊸孙晓峰：《模块化技术与模块化生产方式：以计算机产业为例》[J]，《中国工业经济》，2005（6）。

㊹倒金字塔是现代企业发展过程中企业组织结构的新特征，企业的组织结构由过去的“金字塔”向“扁平化”的方向演进，成为倒立的金字塔状。

㊺芮明杰、刘明宇：《网络状产业链的知识整合研究》[J]，《中国工业经济》，2006（1）。

㊻朱瑞博：《模块化、组织柔性与虚拟再整合产业组织体系》[J]，《产业经济评论》，2004（2）。

⑰芮明杰：《论产业链整合》［M］，复旦大学出版社 2006 年版，第 122 页。

⑱胡金星：《产业融合的内在机制研究》［D］，复旦大学博士学位论文，2007 年，第 70～76 页。

⑲安筱鹏：《现代服务业崛起：信息社会的重要标志》［J］，《中国信息界》，2008（9）。

参考文献

中文参考文献

[1] 巴拉萨：《半工业化经济的发展战略（英文版）》[M]，霍普金斯大学出版社1982年版。

[2] 陈劲、桂彬旺：《复杂产品系统模块化创新流程与管理策略》[J]，《研究与发展管理》，2006（3）。

[3] 陈英：《后工业经济：产业结构变迁与经济运行特征》[M]，天津：南开大学出版社2005年版。

[4] 曹群、姜振寰：《产业链的内涵及特性分析》[J]，《商业研究》，2008（11）。

[5] 陈元：《新型工业化道路研究》[M]，北京：中国财政经济出版社2004年版。

[6] 党兴华、郑登攀：《模块化技术创新网络的自组织演化模型研究》[J]，《研究与发展管理》，2009（4）。

[7] 杜义飞、李仕明：《产业价值链：价值战略的创新形式》[J]，《科学学研究》，2004（5）。

[8] 范爱军、杨丽：《模块化对分工演进的影响——基于贝

克尔—墨菲模型的解释》[J],《中国工业经济》,2006(12)。

[9] 傅蔚冈、宋华琳:《规制研究》[M],上海:上海人民出版社2008年版。

[10] 付彦:《知识共享型组织结构》[M],北京:经济管理出版社2008年版。

[11] 龚唯平:《工业化范畴论——对马克思工业化理论的系统研究》[M],北京:经济管理出版社2001年版。

[12] 龚唯平:《所有制范畴论——对马克思所有制理论的系统研究》[M],陕西人民出版社1994年版。

[13] 高静、曹休宁:《贸易中生产者服务业与制造业的融合与冲突——基于一个国际分工的视角》[J],《产业经济研究》,2009(4)。

[14] 高传胜、刘志彪:《生产者服务与长三角制造业集聚和发展》[J],《上海经济研究》,2005(8)。

[15] 顾乃华:《中国转型期生产性服务业发展与制造业竞争力关系研究》[J],《中国工业经济》,2006(9)。

[16] 郭岚、张祥建:《基于网络外部性的价值模块整合与兼容性选择》[J],《中国工业经济》,2005(4)。

[17] 郝斌:《组织模块化设计:基本原理与理论架构》[J],《中国工业经济》,2007(6)。

[18] 胡晓鹏:《产业结构变迁视角下经济增长的系统性分析》[J],《财经科学》,2004(1)。

[19] 胡晓鹏:《从分工到模块化:经济系统演进的思考》[J],《中国工业经济》,2004(9)。

[20] 黄卫平、朱文晖:《温特制:美国新经济与全球产业重组的微观基础》[J],《美国研究》,2004(2)。

[21] 贺有利:《三产化:强国富民的必由之路》[M],北

京：人民出版社2007年版。

[22] 黄少军：《产业结构变动及影响因素的数量研究：城市样本分析》[J]，《华南师范大学学报》，1996 (6)。

[23] 黄少军：《服务业与经济增长》[M]，北京：经济科学出版社2000年版。

[24] 亨廷顿：《现代化理论与历史经验的再探讨》，上海译文出版社1993年版。

[25] 荊林波：《信息服务与经营模式》[M]，北京：经济科学出版社2005年版。

[26] 贾根良：《斯密定理与发展中国家的经济发展》[J]，《南开经济研究》，1995 (1)。

[27] 江小涓、李辉：《服务业与中国经济：相关性和加快增长的潜力》[J]，《经济研究》，2004 (1)。

[28] 江小涓：《关于侧度服务业发展水平的探讨——几个理论模型及其应用》[J]，《财贸经济》，2004 (7)。

[29] 江小涓：《中国经济发展进入新阶段：挑战与战略》[J]，《经济研究》，2004 (10)。

[30] 库兹涅茨：《各国的经济增长：总产值和生产结构》[M]，北京：商务印书馆1985年版。

[31] 克里德特林：《工业化前的工业化（英文版）》[M]，剑桥大学出版社1981年版。

[32] 柯劳斯、柯尼希：《工业化发展规律与中国经济改革》[M]，成都科技大学出版社1992年版。

[33] 李海舰、聂辉华：《论企业与市场的相互融合》[J]，《中国工业经济》，2004 (8)。

[34] 李冠霖：《第三产业投入产出分析：从投入产出的角度看第三产业的产业关联与产业波及特性》[M]，北京：中国

物价出版社2002年版。

[35] 李美云：《服务业的产业融合与发展》[M]，北京：经济科学出版社2007年版。

[36] 李思远、戴超伦、宁八一：《信息经济》[M]，长沙：中南工业大学出版社1999年版。

[37] 李相合：《中国服务经济：结构演进及其理论创新》[M]，北京：经济科学出版社2007年版。

[38] 廖进球、陈富良：《规制与竞争前沿问题》[M]，北京：经济管理出版社2004年版。

[39] 刘吉、金吾伦：《千年警醒：信息化与知识经济》[M]，北京：社会科学文献出版社1998年版。

[40] 刘建兵、柳卸林：《服务业创新体系研究》[M]，北京：科学出版社2009年版。

[41] 李江帆、刘继国：《新型工业化道路与广东第三产业升级优化》[J]，《南方经济》，2005（5）。

[42] 李江帆：《新型工业化与第三产业的发展》[J]，《经济学动态》，2004（1）。

[43] 李平：《产业价值链模块化重构的价值决定研究》[J]，《中国工业经济》，2006（9）。

[44] 刘贵富：《产业链：内涵、特性及其表现形式》[J]，《财经理论与实践》，2006（3）。

[45] 刘贵富：《产业链的基本内涵研究》[J]，《工业技术经济》，2007（8）。

[46] 刘继国、李江帆：《国外制造业服务化问题研究综述》[J]，《经济学家》，2007（3）。

[47] 刘继国：《制造业服务化带动新型工业化的机理与对策》[J]，《经济问题探索》，2006（6）。

[48] 刘林青、谭力文：《产业国际竞争力的二维评价——全球价值链背景下的思考》[J]，《中国工业经济》，2006 (12)。

[49] 刘志彪：《发展现代生产者服务业与调整优化制造业结构》[J]，《南京大学学报（哲学·人文科学·社会科学版）》，2006 (5)。

[50] 刘志迎、赵倩：《产业链概念、分类及形成机理研究述评》[J]，《工业技术经济》，2009 (10)。

[51] 罗珉：《大型企业的模块化：内容、意义与方法》[J]，《中国工业经济》，2005 (3)。

[52] 李江帆、黄少军：《广州第三产业：与“四小龙”和多国模型的比较》[J]，《开放时代》，1998 (1)。

[53] 林毅夫：《城市化、服务业与中国经济》[J]，《无锡：2005 世界城市服务业大会》，2005 年。

[54] 李江帆、潘发令：《第三产业消耗系数及依赖度的国际比较》[J]，《宏观经济研究》，2001 (5)。

[55] 马克思：《资本论》第 1 ~ 3 卷 [M]，人民出版社 1975 年版。

[56] 《马克思恩格斯全集》第 1 卷、第 12 卷、第 32 卷、第 47 卷、第 48 卷 [M]，人民出版社各年版。

[57] 玛格丽特·A. 罗斯：《后现代与后工业：评论性分析》[M]，沈阳：辽宁教育出版社 2002 年版。

[58] 马克·第亚尼：《非物质社会：后工业世界的设计、文化与技术》[M]，四川人民出版社 1998 年版。

[59] 潘成云：《解读产业价值链——兼析我国新兴产业价值链基本特征》[J]，《当代财经》，2001 (9)。

[60] 钱纳里：《工业化和经济增长的比较研究》[M]，上海三联书店、上海人民出版社 1989 年版。

[61] 秦海、李红升、丁振寰：《信息通信技术与经济增长：一项基于国际经验和中国实践的研究》[M]，北京：中国人民大学出版社2006年版。

[62] 青木昌彦、安藤晴彦：《模块时代：新产业结构的本质》[M]，上海：上海远东出版社2003年版。

[63] 任旺兵：《我国制造业发展转型期生产性服务业发展问题》[M]，北京：中国计划出版社2008年版。

[64] 芮明杰、刘明宇：《产业链整合理论述评》[J]，《产业经济研究》，2006（3）。

[65] 孙晓伟：《企业大规模定制的模块化思想应用探析》[J]，《企业活力》，2006（6）。

[66] 孙宏伟：《模块化理论与中国铁路业监管制度重构》[J]，《成都行政学院学报》，2006（1）。

[67] 孙林岩：《服务型制造理论与实践》[M]，北京：清华大学出版社2009年版。

[68] 孙文远：《产品内价值链分工视角下的产业升级》[J]，《管理世界》，2006（10）。

[69] 孙晓锋：《模块化技术与模块化生产方式：以计算机产业为例》[J]，《中国工业经济》，2005（6）。

[70] 上海外经贸委员会：《上海走新型工业化道路研究与探索》[M]，上海人民出版社2003年版。

[71] 森岛道夫：《为什么日本会成功？——西方技术与日本的民族精神（英文版）》[M]，剑桥大学出版社1982年版。

[72] 汤姆·肯普著：《现代工业化模式》[M]，中国展望出版社1985年版。

[73] 童时中：《模块化原理在生产系统布局设计中的运用》[J]，《标准化报道》，2000（5）。

[74] 童时中：《模块化原理设计方法及应用》[M]，北京：中国标准出版社2000年版。

[75] 温承革、王勇、杨晓燕：《模块化生产网络的组织与自组织特征》[J]，《生产力研究》，2006（11）。

[76] 王立军、凌云：《高新技术改造传统产业的理论与实践》[M]，北京：中国经济出版社2003年版。

[77] 王小平、李素喜：《工业化与服务业发展：区域服务业竞争与合作发展研究》[M]，北京：人民出版社2008年版。

[78] 乌家培、谢康、肖静华：《信息经济学》[M]，北京：高等教育出版社2007年版。

[79] 乌家培：《信息经济与知识经济》[M]，北京：经济科学出版社1999年版。

[80] 王云霞、李国平：《产业链现状研究综述》[J]，《工业技术经济》，2006（10）。

[81] 吴金明、邵昶：《产业链形成机制研究——"4+4+4"模型》[J]，《中国工业经济》，2006（4）。

[82] 吴金明、张磐、赵曾琪：《产业链、产业配套半径与企业自生能力》[J]，《中国工业经济》，2005（2）。

[83] 徐宏玲、李双海：《价值链形态演变与模块化组织协调》[J]，《中国工业经济》，2005（11）。

[84] 肖玲凤、许蔚：《模块化生产方式对制造业后向关联效应的影响分析》[J]，《国际贸易问题》，2008（6）。

[85] 徐宏玲：《模块化组织价值创新：原理、机制及理论挑战》[J]，《中国工业经济》，2006（3）。

[86] 宣烨：《我国加工贸易效应的实证分析——基于经济增长、产业竞争力的视角》[J]，《国际贸易问题》，2008（4）。

[87] 许宪春：《中国服务业核算及其存在的问题研究》

[J]，《经济研究》，2004（3）。

[88] 闫星宇、高觉民：《模块化理论的再审视：局限及适用范围》[J]，《中国工业经济》，2007（4）。

[89] 杨蕙馨、王军：《新型工业化与产业组织优化：山东省强省之路分析》[M]，北京：经济科学出版社2005年版。

[90] 伊诺泽姆采夫：《后工业社会与可持续发展问题研究》[M]，北京：中国人民大学出版社2004年版。

[91] 闫星宇：《模块化理论的再审视：局限及适用范围》[J]，《中国工业经济》，2007（4）。

[92] 余东华、芮明杰：《基于模块化网络组织的价值流动与创新》[J]，《中国工业经济》，2008（12）。

[93] 余东华：《模块化、企业价值网络与企业边界变动》[J]，《中国工业经济》，2005（10）。

[94] 郁义鸿：《产业链类型与产业链效率基准》[J]，《中国工业经济》，2005（11）。

[95] 周振华：《产业融合中的空间结构：产业群集扩展》[J]，《改革》，2004（4）。

[96] 昝廷全：《产业经济系统研究》[M]，北京：科学出版社2002年版。

[97] 翟秀文、郭萍、杨玉修：《信息经济：21世纪的全新经济形态》[M]，北京：军事科学出版社2003年版。

[98] 张其仔：《模块化、产业内分工与经济增长方式转变》[M]，北京：社会科学文献出版社2008年版。

[99] 张远：《信息与信息经济学的基本问题》[M]，北京：清华大学出版社1992年版。

[100] 赵维双：《技术创新扩散的环境与机制》[M]，北京：中国社会科学出版社2007年版。

［101］郑凯捷：《分工与产业结构发展——从制造经济到服务经济》［M］，上海：复旦大学出版社2008年版。

［102］周振华：《信息化与产业融合》［M］，上海：上海人民出版社、上海三联书店2003年版。

［103］郑凯捷：《制造业产业链区域间分工与服务业不平衡增长》［J］，《世界经济研究》，2008（1）。

［104］周施恩：《"文化链"与"价值链"互动机制研究》［J］，《企业研究》，2004（10）。

［105］周新生：《产业链与产业链打造》［J］，《广东社会科学》，2006（4）。

［106］朱瑞博：《价值模块的虚拟再整合：以IC产业为例》［J］，《中国工业经济》，2004（1）。

［107］朱瑞博：《价值模块整合与产业融合》［J］，《中国工业经济》，2003（8）。

［108］朱瑞博：《模块化抗产业集群内生性风险的机理分析》［J］，《中国工业经济》，2004（5）。

［109］朱瑞博：《模块生产网络价值创新的整合架构研究》［J］，《中国工业经济》，2006（1）。

［110］朱有为、张向阳：《价值链模块化、国际分工与制造业升级》［J］，《国际贸易问题》，2005（9）。

［111］赵红军：《交易效率、城市化与经济发展》［M］，上海：上海人民出版社2005年版。

英文参考文献

［1］Alberto Caracciolo, "Rome in the past Hundred Years: Urban Expansion without Industrialisation", Journal of Contemporary History, Vol.4, No.3, Urbanism (Jul., 1969), pp.27-41.

[2] BRAX S. 2005. A manufacturer becoming service provider: Challenges and a paradox. Managing Service Quality, 15 (2): 142 - 155.

[3] BOWEN D. E., SIEHL C. & SCHNEIDER B. 1989. A framework for analyzing customer service orientations in manufacturing. The Academy of Management Review, 14 (1): 75 - 95.

[4] Caron H. St. John and Jeffrey S. Harrison, "Manufacturing - Based Relatedness, Synergy, and Coordination", Strategic Management Journal, Vol. 20, No. 2 (Feb., 1999), pp. 129 - 145.

[5] CUSUMANO M. 2003. Business models that last: Balancing products and services in software and otherindustries. MIT Sloan. [Online] Available Url.

[6] Caron H. St. John and Leslie W. Rue, "Co - Ordinating Mechanisms, Consensus between Marketing and Manufacturing Groups, and Marketplace Performance", Strategic Management Journal, Vol. 12, No. 7 (Oct., 1991), pp. 549 - 555.

[7] Cook, M. B., Bhamra, T. A. and Lemon, M. (2006) The Transfer and Application of Product Service Systems: From Academia to UK Manufacturing Firms. Journal of Cleaner Production 14, 1455 - 1465.

[8] DE WULF K. 2003. Relationship marketing. In Van Looy, B., Gemmel, P., Van Dierdonck, R. (Eds), ServicesManagement: An Integrated Approach, Pearson Education, Harlow.

[9] DESMET S., VAN DIERDONCK R. & VAN LOOY B. 2003. Servitization: or why services management isrelevant for manufacturing environments. In Van Looy, B., Gemmel, P., Van Dierdonck, R. (Eds), ServicesManagement: An Integrated Approach,

Pearson Education, Harlow: 40 – 51.

[10] David M. Upton, "Process Range in Manufacturing: An Empirical Study of Flexibility", Management Science, Vol. 43, No. 8 (Aug. ,1997), pp. 1079 – 1092.

[11] David Morawetz, "Employment Implications of Industrialisation in Developing Countries: A Survey", The Economic Journal, Vol. 84, No. 335 (Sep. , 1974), pp. 491 – 542.

[12] Douglas Cole Libby, "Proto – Industrialisation in a Slave Society: The Case of Minas Gerais", Journal of Latin American Studies, Vol. 23, No. 1 (Feb. , 1991), pp. 1 – 35.

[13] Davies, A. , Brady, T. and Hobday, M. (2006) Charting a Path Toward Integrated Solutions. MIT Sloan Management Review 47, 39 – 48.

[14] Delbridge, R. , Johnson, G. and Gratton, L. et al. (2006) The Exceptional Manager: Making a Difference, Oxford: Oxford University Press.

[15] FISK R. P. , GROVE S. J. & JOHN J. 2008. Interactive services marketing. Boston: Houghton Mifflin.

[16] Friedman, T. L. (2005) The World is Flat: The Globalised World in the Twenty – First Century. London: Penguin Books.

[17] FITZSIMMONS J. A. & FITZSIMMONS M. J. 2008. Services management: Operations, strategy, informationtechnology. London: McGraw – Hill.

[18] Greg B. Felker, "Southeast Asian Industrialisation and the Changing Global Production System", Third World Quarterly, Vol. 24, No. 2, Governing the Asia Pacific: Beyond the "New Regionalism" (Apr. , 2003), pp. 255 – 282.

[19] GEBAUER H., FLEISCH E. & FRIEDLI T. 2005. Overcoming the service paradox in manufacturing companies. European Management Journal, February, 23 (1): 14 - 26.

[20] Gary Minkley, "Class and Culture in the Workplace: East London, Industrialisation, and the Conflict Over Work, 1945 - 1957", Journal of Southern African Studies, Vol. 18, No. 4 (Dec., 1992), pp. 739 - 760.

[21] GEBAUER H. & FRIEDLI T. 2005. Behavioral implications of the transition process from products to services. Journal of Business and Industrial Marketing, 20 (2): 70 - 78.

[22] H. Belshaw, "Observations on Industrialisation for Higher Incomes", the Economic Journal, Vol. 57, No. 227 (Sep., 1947), pp. 379 - 387.

[23] Haiwen Zhou, "Population Growth and Industrialization", Economic Inquiry, Vol. 47, No. 2 (Apr 2009), 249 - 265. http: //ebusiness. mit. edu/research/papers/197_ Cusumano_ ProdSrvcsBusMod. pdf (Downloaded 14 April 2008).

[24] IFM & IBM. 2008. Succeeding through service innovation: A service perspective for education, research, business and government. Cambridge, United Kingdom: University of Cambridge Institute for Manufacturing.

[25] Jeffrey G. Miller and Aleda V. Roth, "A Taxonomy of Manufacturing Strategies", Management Science, Vol. 40, No. 3 (Mar., 1994), pp. 285 - 304.

[26] John E. Ettlie and Joan D. Penner - Hahn, "Flexibility Ratios and Manufacturing Strategy", Management Science, Vol. 40, No. 11 (Nov., 1994), pp. 1444 - 1454.

[27] John E. Ettlie, "Product – Process Development Integration in Manufacturing", Management Science, Vol. 41, No. 7 (Jul., 1995), pp. 1224 – 1237.

[28] K. M. Barbour, "Industrialisation in West Africa – The Need for Sub – Regional Groupings within an Integrated Economic Community", The Journal of Modern African Studies, Vol. 10, No. 3 (Oct., 1972), pp. 357 – 382.

[29] Kasra Ferdows, "Made in the World: the Global Spread of Production", Production And Operations Management, Vol. 6, No. 2 (1997).

[30] Kimberly A. Bates, Susan D. Amundson, Roger G. Schroeder, William T. Morris, "The Crucial Interrelationship between Manufacturing Strategy and Organizational Culture", Management Science, Vol. 41, No. 10 (Oct., 1995), pp. 1565 – 1580.

[31] Kiyoshi Kojima, "Capital Accumulation and the Course of Industrialisation, with Special Reference to Japan", The Economic Journal, Vol. 70, No. 280 (Dec., 1960), pp. 757 – 768.

[32] Lance Van Sittert, "'Making Like America': The Industrialisation of the St Helena Bay Fisheries c. 1936 – c. 1956", Journal of Southern African Studies, Vol. 19, No. 3 (Sep., 1993), pp. 422 – 446.

[33] Langlois, R. N., 2000: Modularity in technology and organization, Journal of Economic Behavior & Organization Vol. 49.

[34] MAGRETTA J. 2002. Why Business models matter. Harvard Business Review, May, 80 (5): 86 – 92.

[35] MAGNUSSON J. & STRATTON S. T. 2000. How do companies servitize? [Online] Availablefrom: http://gupea. ub.

gu. se/dspace/bitstream/2077/2448/1/ Magnusson_ 2000_ 37. pdf (Downloaded 20 April 2009).

[36] Manbir S. Sodhi, Ronald G. Askin, Suvrajeet Sen, "A Hierarchical Model for Control of Flexible Manufacturing Systems", The Journal of the Operational Research Society, Vol. 45, No. 10 (Oct., 1994), pp. 1185 - 1196.

[37] Marcel Gillet, "Au XIXe siecle: Industrialisation lineaire ou industrialisation par bonds? ", Revue économique, Vol. 23, No. 5, l'Histoire economique (Sep., 1972), pp. 723 - 752.

[38] Michael Palairet, "Ramiz Sadiku: A Case Study in the Industrialisation of Kosovo", Soviet Studies, Vol. 44, No. 5 (1992), pp. 897 - 912.

[39] Mont, O., (2004) Product - Service Systems: Panacea or Myth. Doctoral Dissertation. Lund University.

[40] Mont, O. and Plepys, A., (2003) Customer Satisfaction: Review of Literature and Application to the Product - Service Systems. International Institute for Industrial Environmental Economics, Lund University.

[41] Morelli, N. (2002) Designing Product/Service Systems: A Methodological Exploration. DesignIssues 18, 3 - 17.

[42] NEELY A. 2009. Exploring the financial consequences of the servitization of manufacturing. [Online] Availablefrom: http: // www. aimresearch. org/uploads/File/pdf/ working_ papers/090206 - Servitization Of Manufacturing. pdf (Downloaded 29 May 2009).

[43] NEU W. A. & BROWN S. W. 2008. Manufacturers forming successful complex business services: Designing an organization to fit the market. International Journal of Service Industry Management,

19 (2): 232 -251.

[44] N. K. Chandra, "Industrialisation and the Left Movement: On Several Questions of Strategy in West Bengal: Part Three", Social Scientist, Vol. 7, No. 4 (Nov., 1978), pp. 57 -73.

[45] Nazrul Islam and Kazuhiko Yokota. "Lewis Growth Model and China's Industrialization", Asian Economic Journal, Vol. 22, No. 4 (2008), 359 -396.

[46] OSTERWALDER A. 2004. Understanding ICT-based business models in developing countries. International Journal Information Technology and Management, 3 (2/3/4): 333 -348.

[47] OLIVA R. & KALLENBERG R. 2003. Managing the transition from products to services. International Journal of Service Industry Management, 14 (2): 160 -172.

[48] P. Ady, "Colonial Industrialisation and British Employment", The Review of Economic Studies, Vol. 11, No. 1 (Winter, 1943), pp. 42 -51.

[49] P. N. Rosenstein-Rodan, "Problems of Industrialisation of Eastern and South-Eastern Europe", The Economic Journal, Vol. 53, No. 210/211 (Jun. -Sep., 1943), pp. 202 -211.

[50] Pat Hudson, "Proto-Industrialisation: The Case of the West Riding Wool Textile Industry in the 18th and Early 19th Centuries", History Workshop, No. 12 (Autumn, 1981), pp. 34 -61.

[51] Pham Hoang Van, "Dutch Disease in the Labor Market: Women, Services, and Industrialization", Review of Development Economics, Vol. 13, No. 4 (2009), 560 -575.

[52] Porter, M. and Ketels, C. (2003) UK Competitiveness: Moving to the Next Stage. London: Department of Trade and Indus-

try.

[53] QUINN J. B., DOORLEY T. L. & PAQUATTE P. C. 1990. Beyond products: service-based strategy. Harvard Business Review, March/April, 68: 58 – 68.

[54] Richard Grabowski, "Promoting Industrialization: the Role of the Traditional Sector and the State in East Asia", Journal of International Development, J. Int. Dev. 15 (2003), 587 – 605.

[55] Rosemary Thorp, "A Reappraisal of the Origins of Import-Substituting Industrialisation 1930 – 1950", Journal of Latin American Studies, Vol. 24, pp. 181 – 195.

[56] SCHMENNER R. W. 2009. Manufacturing, service and their integration: some history and theory. International Journal of Operations and Production Management, 29 (5): 431 – 443.

[57] SPOHRER J., MAGLIO P. P., BAILEY J. & GRUHL D. 2007. Steps toward a science of service systems. IEEE Computer Society, 40 (1): 71 – 77.

[58] S. Kesava Iyengar, "Industrialisation and Agriculture in India Post-War Planning", The Economic Journal, Vol. 54, No. 214 (Jun. – Sep., 1944), pp. 189 – 205.

[59] Satish Mishra, "Industrialisation in India", Social Scientist, Vol. 6, No. 8 (Mar., 1978), pp. 49 – 64.

[60] Scott Webster and Z. Kevin Weng, "Improving Repetitive Manufacturing Systems: Model and Insights", Operations Research, Vol. 49, No. 1 (Jan. – Feb., 2001), pp. 99 – 106.

[61] Stephen H. Haber, "Assessing the Obstacles to Industrialisation: The Mexican Economy, 1830 – 1940", Journal of Latin American Studies, Vol. 24, No. 1 (Feb., 1992), pp. 1 – 32.

[62] Steve Dowrick and Norman Gemmell, "Industrialisation, Catching Up and Economic Growth: A Comparative Study Across the World's Capitalist Economies", The Economic Journal, Vol. 101, No. 405 (Mar., 1991), pp. 263 – 275.

[63] Subrata Chakraborty and B. Ankiah, "Assessment of Manufacturing System Reliability: A Case Study", The Journal of the Operational Research Society, Vol. 40, No. 1 (Jan., 1989), pp. 55 – 63.

[64] Saxenian, A (2001): The Silicon Valley-Hsinchu Connection: Technical Communities and Industrial Upgrading, Berkeley Planning Journal 15 (2001): 3 – 31.

[65] Tukker, A. and Halen, C. van. (2003) Innovation Scan for Product Service Systems. Price Waterhouse Coopers.

[66] Thomas Balogh, "Note on the Deliberate Industrialisation for Higher Incomes", The Economic Journal, Vol. 57, No. 226 (Jun., 1947), pp. 238 – 241.

[67] Utsa Patnaik, "Peasants and Industrialisation in the Soviet Union", Social Scientist, Vol. 16, No. 10 (Oct., 1988), pp. 46 – 62.

[68] Vandermerwe, S. and Rada, J. (1988) Servitization of Business: Adding Value by Adding Services. European Management Journal 6, 315 – 324.

[69] VANDERMERWE S. & RADA J. 1988. Servitization of business: adding value by adding services. European Management Journal, 6 (4): 314 – 324.

[70] Wu, L., Yue, X. and Sim, T. (2006) Supply Chain Clusters: A Key to China's Cost Advantage. Supply Chain Management

Review.

[71] W. B. Inglis. Culture, Industrialisation and Education by G. H. Bantock. British Journal of Educational Studies, Vol. 17, No. 1 (Feb. ,1969), p. 86.

[72] W. Max Corden and J. Peter Neary, "Booming Sector and De – Industrialisation in a Small Open Economy", The Economic Journal, Vol. 92, No. 368 (Dec. , 1982), pp. 825 – 848.

[73] William A. Hetzner, Louis G. Tornatzky, Katherine J. Klein, "Manufacturing Technology in the 1980's: A Survey of Federal Programs and Practices". Management Science, Vol. 29, No. 8 (Aug. , 1983), pp. 951 – 961.

[74] William J. Goode. "Industrialisation at Technocratie", American Sociological Review, Vol. 15, No. 3 (Jun. , 1950), pp. 444 – 445.